MANFRED VAN FONDERN

Das kleine Schachlehrbuch

Joachim Beyer Verlag, 8601 Hollfeld

ISBN 3-921202-24-8

Umschlaggestaltung: H. G. Bergenthal, Neheim-Hüsten

Druck: Heinz Neubert, Bayreuth, Schloßberglein 4
Bindearbeiten: Gebhardt, Ansbach

„Man lernt im Schach nur durch Fehler. Im Fehler steckt immer etwas Richtiges. Die Fehlzüge sind oft sehr schwer zu finden." (Dr. Tartakower)

Vorwort:

Es gibt eine Unmenge von Schachbüchern.
Jedes Jahr erscheinen allein im deutschsprachigen Raum ca. 2 Dutzend. So stellt sich bei jeder Neuerscheinung die Frage: Was will (oder soll) dieses Buch? Und wenn Sie sich, lieber Leser, dieses Büchlein genau ansehen, stellen Sie fest, daß es gleich eine ganze Reihe ankündigt.
Der erste Band der „Kleinen Schachbücherei" ist allen empfohlen, die bereits eine erste Begegnung mit dem Schachspiel hatten und all denen, die für das Königliche Spiel noch begeistert werden wollen. Es gibt sehr viele Schachlehrbücher für Anfänger. Immer wieder werde ich gefragt (als Schachspieler und Buchhändler): Welches ist das Beste?
Ich selbst habe für Schachkurse verschiedene Bücher gebraucht, weil sich in jedem Buch Aufgaben, Stellungsbilder und kleine Partien befinden, die je nach Bedarf nützlich sein können. Ob je einer **das** Lehrbuch schreiben kann, glaube ich nicht. Es sind bisher einige Tausend Schachbücher erschienen. Diese Tatsache macht verständlich, daß das Schachspiel mehr sein muß als alle andern Spiele, deren Spielregeln man oft, bevor man sich seinem Partner gegenübersetzt, erlernt. Trotzdem kann jeder das Spiel relativ schnell erlernen, wenn er sich mit Freude und Ausdauer ans Brett begibt.
Anfänger fragen sehr oft, wie lange man braucht, um so gut zu sein wie Bobby Fischer.

Überlegen Sie die Gegenfrage: Wie lange muß ich Fußball trainieren, bis ich die Perfektion eines Franz Beckenbauers erreiche.
Wir kennen die großen Leistungsunterschiede zwischen Fußballanfänger, Amateur-, Profi- und Nationalspieler; genau so verhält es sich bei den Schachspielern.
Dieses Buch stellt trotzdem ein Novum dar. Als ich vor über 20 Jahren das Spiel erlernte, habe ich jede Partie aufgeschrieben und gesammelt.
So kann man anhand dieser Partien die Entwicklung eines Schachspielers verfolgen. Wichtig dabei ist nicht, wie fehlerfrei die Partien bereits gespielt sind, sondern es gilt typische Fehler zu erkennen und auszumerzen.
Nun noch ein Wort zur „Kleinen Schachbücherei". Der Folgeband ist im Anhang schon abgedruckt. Aktuelle Anlässe, wie Weltmeisterschaften, Olympische Spiele etc. werden genauso vertreten sein, wie „große Partien", „Neue Varianten" usw.
Ich wünsche allen Lesern dieses Büchleins viel Vergnügen bei der Lektüre und beim Spiel, den Lehrenden und Lernenden.

Wie ist das Schachspiel entstanden

Die Frage nach den Anfängen des Schachspiels hat Anfänger wie Historiker zu allen Zeiten beschäftigt.
Maler und Kunsthandwerker trugen durch ihre Bilder und wundervollen Figuren aus wertvollen Materialien mit dazu bei, daß das Schachspiel zurecht das „Königliche Spiel" genannt wird.
Die Anfänge des Spiels verlieren sich im dunkeln der Vorzeit.
Wie die Menschen ihre Lebensauffassungen und Gewohnheiten gewechselt haben, so veränderte sich auch das Schachspiel. Die älteste Form dürfte in Indien zu finden sein mit dem Chaturanga-Spiel. Hieran waren 4 Spieler beteiligt, von denen sich je 2 verbündeten und jeder 8 Figuren hatte. Etwa 600 n. Chr. reduzierte sich das Spiel auf 2 Personen mit je 16 Figuren. Von Indien kam das Spiel nach Persien, und damit wurde es den Arabern bekannt, die um 700 dieses Land eroberten.
Von hier kam das Spiel nach Nordafrika, dann nach Spanien. Im 11. Jahrhundert wurde es in ganz Europa gespielt.

Die Spielregeln

Viele, die das Schachspiel erlernen wollen, kennen die meisten Spielregeln bereits, wie das Aufstellen und die Gangart der Figuren.
Einige Bücher für Anfänger beschäftigen sich hiermit über viele Seiten.
Doch hat die Erfahrung gezeigt, daß man erst dann zum Buch greift, wenn man mehr wissen will und nur verschiedene Regeln nicht beherrscht, z. B. die Rochade und das „Schlagen en passant".
Wir kommen nachher darauf zurück.

Deshalb wollen wir den Abschnitt „Regeln“ so kurz wie möglich beschreiben.
Wichtig ist, daß wir uns die Mühe machen, die Bezeichnung der Felder und das Lesen der Züge zu erlernen.
So sieht ein leeres Schachbrett aus mit der Bezeichnung der Felder.

	a	b	c	d	e	f	g	h	
8	a8	b8	c8	d8	e8	f8	g8	h8	8
7	a7	b7	c7	d7	e7	f7	g7	h7	7
6	a6	b6	c6	d6	e6	f6	g6	h6	6
5	a5	b5	c5	d5	e5	f5	g5	h5	5
4	a4	b4	c4	d4	e4	f4	g4	h4	4
3	a3	b3	c3	d3	e3	f3	g3	h3	3
2	a2	b2	c2	d2	e2	f2	g2	h2	2
1	a1	b1	c1	d1	e1	f1	g1	h1	1
	a	b	c	d	e	f	g	h	

Die Figuren werden in diesem Buch so abgebildet:

Die weißen Figuren

♔	=	König,	abgekürzt	K
♕	=	Dame,	abgekürzt	D
♖	=	Turm,	abgekürzt	T
♗	=	Läufer,	abgekürzt	L
♘	=	Springer,	abgekürzt	S
♙	=	Bauer,	ohne Angabe	

Die schwarzen Figuren

♚	=	König,	abgekürzt	K
♛	=	Dame,	abgekürzt	D
♜	=	Turm,	abgekürzt	T
♝	=	Läufer,	abgekürzt	L
♞	=	Springer,	abgekürzt	S
♟	=	Bauer,	ohne Angabe	

Und so sieht die Grundstellung aus:

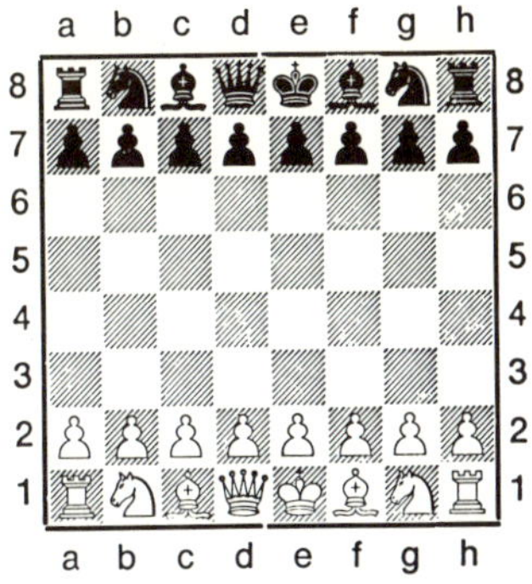

Die Gangart der Steine

Der König

Mit Ausnahme der Rochade bewegt sich der König von seinem Felde auf ein angrenzendes Feld, das nicht von einem feindlichen Stein bedroht ist.

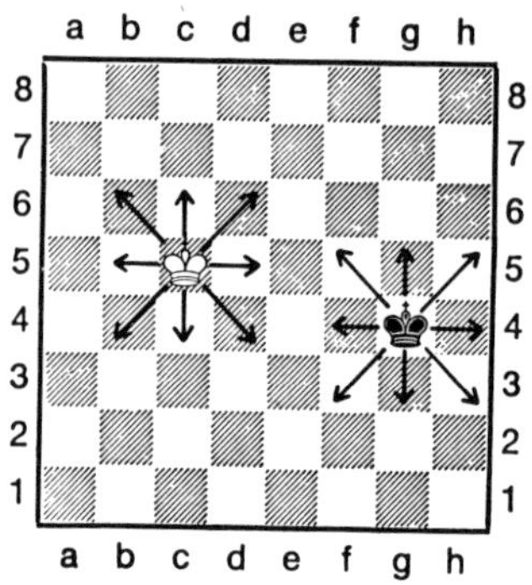

Die Rochade ist eine Bewegung des Königs und des Turmes. Sie gilt als ein Zug und ist folgendermaßen auszuführen: Der König verläßt sein ursprüngliches Standfeld, um auf derselben Reihe eines der beiden nächsten Felder gleicher Farbe zu besetzen; sodann zieht derjenige Turm, zu dem sich der König hinbewegt hat, über den König hinweg auf dasjenige Feld, das dieser soeben überschritten hat.

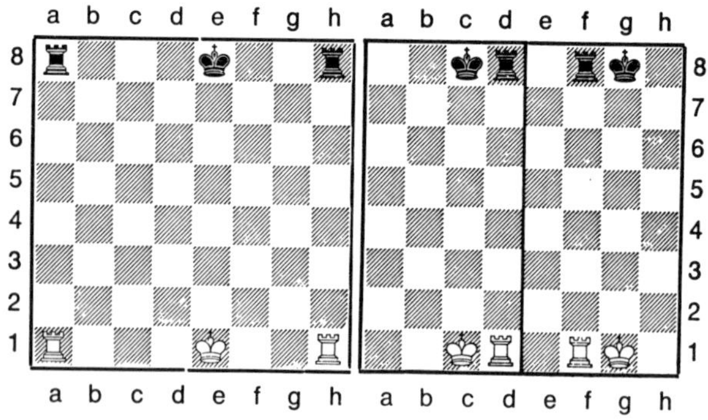

Die Rochade ist nach beiden Seiten ein für alle Male unmöglich, wenn der König bereits gezogen hat. Die Rochade ist ebenfalls endgültig unmöglich mit einem Turm, der bereits gezogen hat.

Die Rochade ist vorübergehend verhindert:

a) wenn das ursprüngliche Feld des Königs oder das Feld, das der König überschreiten soll oder dasjenige, das er besetzen soll, von einem feindlichen Stein bedroht ist.

b) wenn sich Steine zwischen dem König und dem Turm befinden, zu dem sich der König hinbewegen soll.

c) wenn dem König Schach geboten wird.

Das Schachbieten

1. Der König steht im Schach, wenn das von ihm besetzte Feld von einem feindlichen Stein bedroht wird; man sagt dann, dieser bietet dem König Schach.

2. Dem Schachgebot muß im unmittelbar darauf folgenden Zuge begegnet werden. Parieren kann man das Schach, wenn man der gegnerischen Figur das Wirkungsfeld nimmt (Zwischenziehen einer eigenen Figur oder Wegziehen des Königs).
Wenn dem Schachgebot nicht begegnet werden kann, so nennt man dies „Matt“.

3. Ein Stein, der ein dem eigenen König gebotenes Schach unterbricht, kann dabei seinerseits dem feindlichen König Schach bieten.

Die Dame

Da die Dame die meisten Felder beherrschen kann, ist sie die stärkste und damit neben dem König die wichtigste Figur. Sie kann waagerecht, senkrecht und diagonal ziehen.

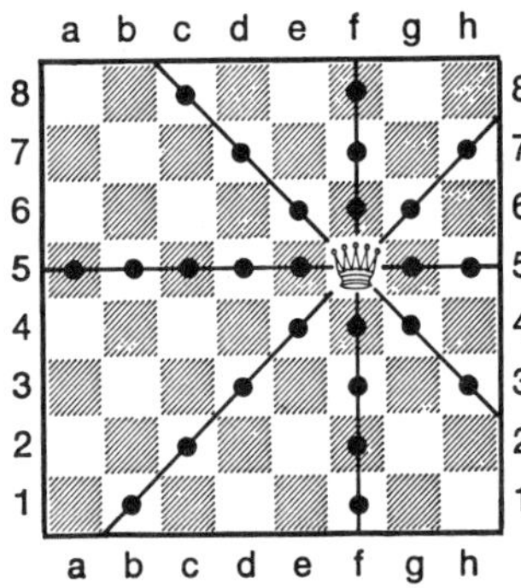

Die Türme

Der Turm kann vorwärts, rückwärts und seitwärts, aber nicht diagonal bewegt werden.

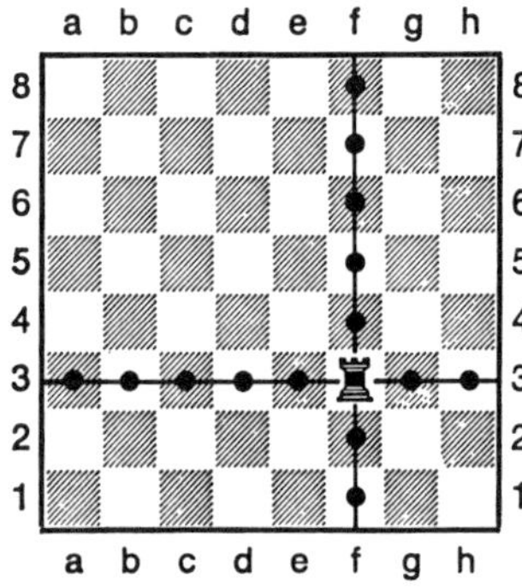

Die Läufer

Die Läufer ziehen nur auf der Schrägen, auch Diagonalen genannt. Jeder Spieler besitzt zwei Läufer, ein Läufer, der die schwarzen und der andere, der die weißen Felder beherrschen kann.

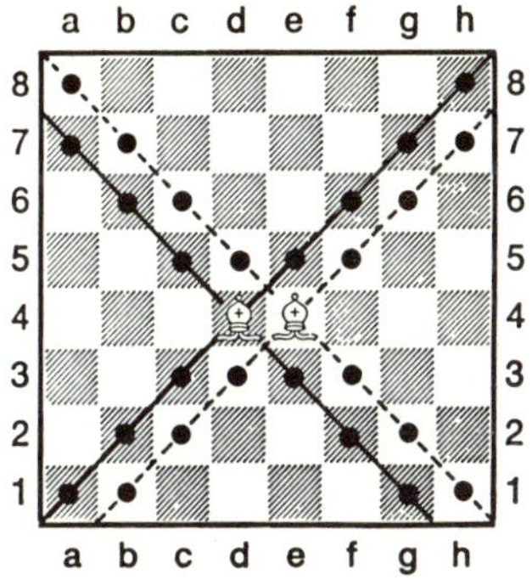

Der Springer

Die interessanteste Figur ist der Springer. Er allein kann eigene und fremde Steine überspringen. Für Anfänger ist der Rösselsprung – eins grad, eins schräg oder umgekehrt – mehr zu üben. Der Springer kann maximal 8 Felder beherrschen. Seine größte Wirkung geht von einem Zentralfeld aus. Vom Rande beherrscht er nur 4 Felder.

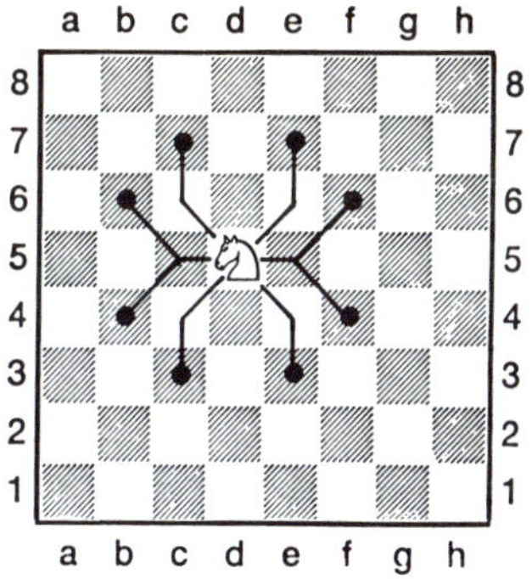

Der Bauer

Der Bauer ist in seiner Bewegungsfreiheit eingeschränkt. Er unterscheidet sich in wesentlichen Punkten von anderen Figuren:

1. Der Bauer bewegt sich nur vorwärts, nie zurück. Steht der Bauer auf seinem Anfangsfeld, kann er 1 oder 2 Felder vorrücken, dann nur noch je 1 Feld.

2. Der Bauer schlägt anders als er zieht. Er schlägt nur schräg.

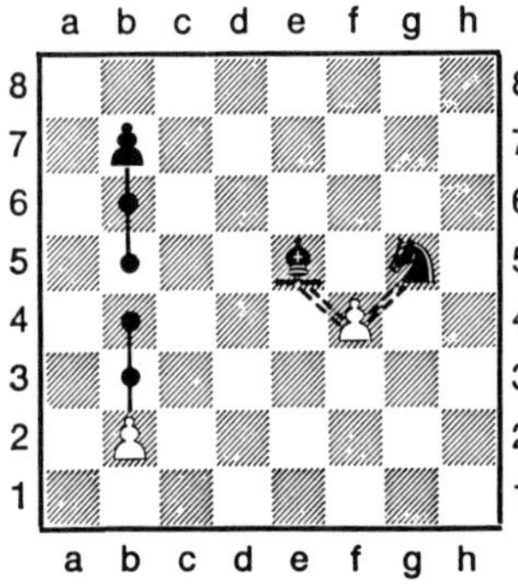

3. Wenn ein Bauer die letzte Reihe erreicht hat, so muß er sofort in eine andere Figur (Dame, Turm, Springer oder Läufer) umgewandelt werden.

4. Der Bauer kann en passant (im Vorübergehen) schlagen. Steht ein weißer Bauer auf der 5. Reihe (der schwarze analog auf der 4. Reihe) und der seitlich angrenzende schwarze Bauer macht einen Doppelschritt, so daß er neben dem weißen Bauern zu stehen kommt, kann der weiße den schwarzen Bauern genauso schlagen, als wäre er nur ein Feld vorgerückt.
Der weiße Bauer hat sich dadurch ein Feld schräg vorwärts bewegt. Das en passant Schlagen ist aber nur im unmittelbar darauf folgenden Zuge möglich.

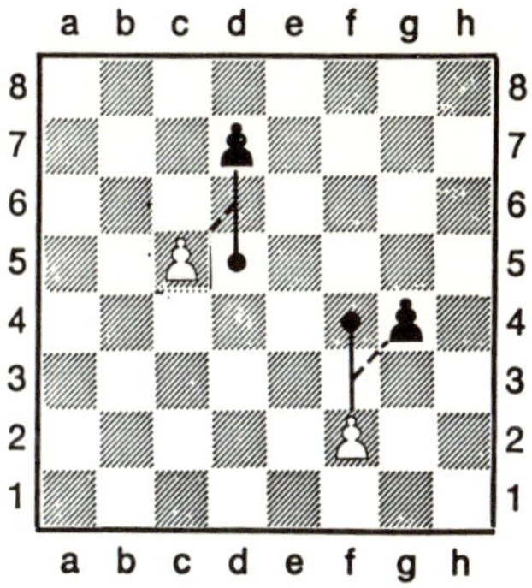

Hieran läßt sich leicht erkennen, daß der Bauer je nach seiner augenblicklichen Stellung verschiedenen Wert haben kann.

Wert der einzelnen Figuren

Nehmen wir für einen Bauern den Grundwert 1, so ergeben sich für die einzelnen Figuren folgende Werte:

♕ Dame	=	8–10 Bauern	♙ ♙ ♙ ♙ ♙ ♙ ♙ ♙
♖ Turm	=	5 Bauern	♙ ♙ ♙ ♙ ♙
♗ Läufer	=	3 Bauern	♙ ♙ ♙
♘ Springer	=	3 Bauern	♙ ♙ ♙

Die Figuren untereinander verglichen:

♘ Springer	=	Läufer ♗
♕ Dame	=	2 Türme ♖ ♖
♕ Dame	=	2 Läufer, 1 Springer ♗ ♗ ♘
		oder 2 Springer, 1 Läufer ♘ ♘ ♗

Solche Wertvergleiche sollen nur Anhaltspunkte sein. Die jeweilige Stellung der Partie hat noch eine große Bedeutung, in der sich der Wert der Figuren verändern kann.

Ergänzende Bestimmungen des Deutschen Schachbundes:

Die gewonnene Partie

1. Die Partie ist für denjenigen Spieler gewonnen, der den König des Gegners mattgesetzt hat.
2. Die Partie wird für denjenigen Spieler, dessen Gegner erklärt, daß er aufgibt, als gewonnen gerechnet.

Die unentschiedene Partie

Die Partie ist unentschieden (oder remis)

1. Wenn der König des am Zuge befindlichen Spielers nicht im Schach steht, dieser Spieler aber nicht ziehen kann. Man sagt dann: Der König ist patt.

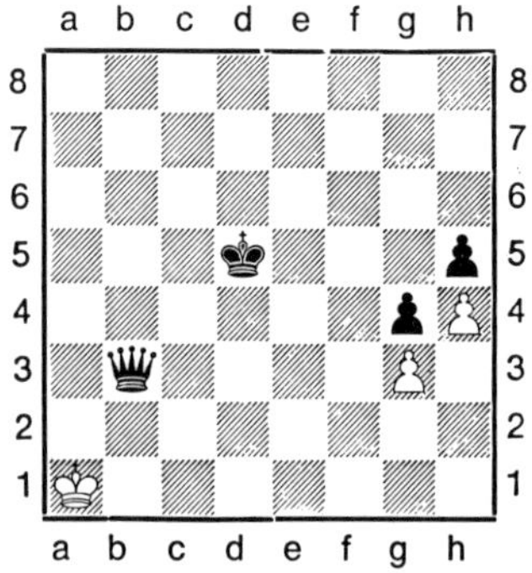

2. Durch Übereinkunft der beiden Spieler.
3. Auf Verlangen eines der Spieler, wenn die gleiche Stellung dreimal vorkommt, jeweils mit demselben Spieler am Zuge.
4. Wenn ein am Zuge befindlicher Spieler nachweist, daß mindestens 50 Züge von beiden Seiten geschehen sind, ohne daß ein Stein geschlagen worden ist oder ein Bauer gezogen hat.

Das Schlagen

Das Ziel der Partie – das Mattsetzen des gegnerischen Königs – erreicht man dadurch, daß man mit den eigenen Figuren den König immer mehr in die Enge treibt und die Figuren des Gegners, die ihren König beschützen, durch Schlagen beseitigt. Alle Figuren – mit Ausnahme der Bauern – können alle anderen Steine von den Feldern beseitigen, die sie beherrschen, d. h., die sie auch ohne 'Feindberührung' besetzen könnten.
Den geschlagenen Stein entfernt man und besetzt dieses Feld mit der eigenen Figur.
Man sollte sich vor dem Schlagen der gegnerischen Figur immer folgende Grundsätze merken:

1. Tausche nie einen besseren Wert gegen einen schlechteren Wert ein (z. B. Turm gegen Läufer), ohne einen wesentlichen Vorteil zu erlangen. (Mattgefahr, durchschlagender Angriff, Stellungsverbesserung)
2. Auch bei Abtausch von gleichwertigen Figuren (z. B. Springer gegen Springer oder Läufer gegen Springer oder Dame gegen Dame) strebt man Stellungsvorteil oder auch Verbesserung des Stellungsnachteils an.
   Jeder Zug und jedes Schlagen sollten für den gesamten Spielplan durchdacht sein.

Meine Partien

Mehr durch Zufall erlernte ich das Schachspiel.
In unserer Jugendgruppe tauchte eines Tages ein Schachspieler des Ortsvereins auf und begann für Interessenten einen Schachkursus. Als ehrgeiziger Spieler anderer Spiele fing ich schnell Feuer. Nach wenigen Abenden brannte ich darauf, endlich eine 'richtige' Partie spielen zu können. Ich ging mit zum Verein, und da gerade die Vereinsmeisterschaft begann, spielte ich mit. Mein Gegner hatte 30jährige Schachpraxis und war die Nummer 3.
Viel Herzklopfen, als endlich die Partie eröffnet wurde: Ich hatte die schwarzen Figuren

Partie Nr. 1

1. e2 – e4

Der häufigste Anfangszug, der sogleich mit der Besetzung des Zentrums beginnt.

1. . . . e7 – e5

Schwarz zieht ebenfalls mit dem Königsbauern (nennt man den Bauern vor dem König)

2. Sg1 – f3

Weiß greift den schwarzen Bauern an.

2. . . . f7 – f6

Ein Zug, der immer wieder bei Anfängern vorkommt. Ein guter schwarzer Entwicklungszug ist 2. – Sb8 – c6, der gleichzeitig den Angriff auf e5 pariert.

3. Sf3 x e5!

Eigentlich begeht der Führer der weißen Steine mit diesem Zuge zwei Fehler. Er schlägt einen gedeckten Bauern und zieht eine Figur in der Eröffnung zweimal. Wir sehen in der Folge aber, warum der Weiße trotzdem zum Erfolg kommt.

3. . . . f6 x e5

Dieser Zug verdient einen schweren Tadel.
Besser verteidigt hätte ich mich mit 3. – Dd8 – e7 4. Se5 – f3. Schlecht wäre stattdessen für Weiß 4. Dd1 – h5 + g7 – g6 5. Se5 x g6 und De7 x e4 + und Schwarz gewinnt den Springer g6.
Es ist für einen Anfänger eben sehr schwer, mehrere Züge im voraus zu berechnen. Schwarz freute sich – obwohl leicht mißtrauisch – zu früh über den Figurengewinn.

Stellung nach 3. – f6 x e5

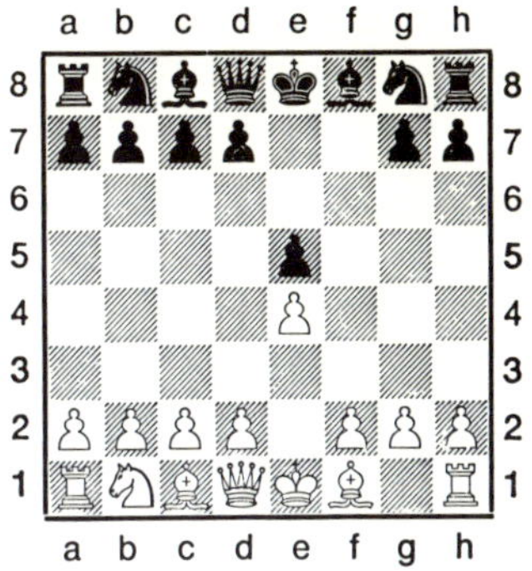

4. Dd1 – h5 +

Jetzt verfügt Schwarz nur über 2 Züge a) g7 – g6 mit der Folge Dh5 x e5 + nebst Turmverlust auf h8 und b) – wie er in der Partie geschah.

4. . . .	Ke8 – e7
5. Dh5 x e5 +	Ke7 – f7
6. Lf1 – c4 +	Kf7 – g6

Auf den Verteidigungszug 6. – d7 – d5, um wenigstens noch den Lc8 ins Spiel zu bringen, bin ich nicht gekommen.

7. De5 – f5 + Kg6 – h6
8. d2 – d4 +

Damit gerät der König auch noch in die Schußlinie des Lc1, der damit Schach bietet. Ich fand zu diesem Zeitpunkt die Züge meines Partners 'genial'. Wie sollte ich damals schon wissen, daß jeder halbwegs 'gebildete' Schachspieler solche Züge auswendig (!) kennt.

8. . . . g7 – g5

Damit wird das Schachgebot pariert, der Bauer ist ja gedeckt durch Dame d8 und den König.

9. h2 – h4

Nun geht es erst richtig los. Mit diesem Doppelschritt des h – Bauern wird der Bauer g5 erneut angegriffen und zweitens bekäme der Turm auf h1 nach dem Schlagen von h4 x g5 die offene Linie. Wäre jetzt Weiß am Zuge, so böte er mit h4 x g5 ein Doppelschach durch den Bauern und den Turm.

9. . . . Kh6 – g7

Der König wird von einem Feld auf das andere gehetzt, und seine treuen Untergebenen schauen nur zu. Soviel war mir klar, das kann nicht gutgehen.

10. Df5 – f7 + Kg7 – h6
11. h4 x g5

Doppelschach, das nicht mehr abgewehrt werden kann und deshalb Matt!
Nach einer solchen Lehrstunde ist man stark deprimiert. Aber der Ehrgeiz, es in der nächsten Partie besser zu machen, war groß. In einer etwas später ge-

spielten Partie gegen einen Jugendspieler wollte ich meine Eröffnung mit Schwarz verstärken.

Partie Nr. 2

1. e2 – e4	e7 – e5
2. Sg1 – f3	Sb8 – c6

Jetzt zog ich richtig

3. Lf1 – b5

Nach diesem Läuferzug erhalten wir die Grundstellung der Spanischen Partie. Hätte Weiß 3. Lf1 – c4 gespielt, befänden wir uns in der Italienischen Partie. Ein anderer 3. Zug, nämlich d2 – d4, hätte uns die 'Schottische Eröffnung' präsentiert. Es ist gut, sich frühzeitig mit einigen Namen vertraut zu machen, da wir in Schachspalten immer wieder mit der Bezeichnung der Eröffnung konfrontiert werden.
Die verschiedenen Eröffnungsbezeichnungen deuten daraufhin, daß alle Züge schon ausprobiert wurden. Wir bleiben bei unserer Partie

3. Lf1 – b5

Dieser Zug beispielsweise ist bereits im Hauptwerk des berühmten spanischen Autors Ruy Lopez de Segura 1561 erwähnt und nach ihm „Spanische Partie" genannt. Der Springer auf c6 wird angegriffen, der den eigenen Bauern auf e5 deckt. Doch droht Weiß nicht unmittelbar den Bauern e5 zu gewinnen, wie die folgende Zugfolge beweist. Wir gehen davon aus, daß Weiß am Zug wäre (Wenn wir mit Schwarz den nächsten Zug ausführen wollen, müssen wir uns erst das drohende Vorhaben unseres Partners betrachten) z. B. 4. Ld5 x c6 d7 x c6 5. Sf3 x e5 Dd8 – d4!
Schwarz greift den Springer auf e5 und den Bauern auf e4 an. Bringt sich der Springer in Sicherheit, erobert die Dame e4 mit Schach. Das weiß ein geübter

Spieler auswendig. Man sieht, daß es schwer ist, alle Züge am Brett auszurechnen. Im Vorteil ist also der, der etwas weiß.
Viele Spieler versuchen, möglichst viele Eröffnungen auswendig zu lernen, um so ihre Spielstärke zu erweitern.
Wie in jeder Disziplin, so muß auch beim Schachspiel intensives Studium gepaart sein mit Intelligenz. Ein Auswendiglernen allein bringt uns nicht weiter. Wir müssen lernen, das Typische der Stellung zu erfassen, ihren Aufbau zu begreifen und den Figuren ihre größten Wirkungsmöglichkeiten zu verschaffen. Die Drohung in unserer Stellung besteht nicht unmittelbar, sondern erst, wenn Weiß seinerseits den Bauern auf e4 gedeckt hat.

3. . . .   Lf8 – c5

Ich wollte selbst schnelle Figurenentwicklung. Dieser Zug ist ebenfalls sehr alt und wird als „klassische" Verteidigung erwähnt.
Schwarz hatte hier schon eine Menge guter Züge zur Auswahl.
Ich will sie hier nur erwähnen, damit Sie beim Nachspielen anderer Partien wissen, was ebenfalls zu empfehlen ist.

a) – a7 – a6 b) – Sg8 – f6 c) d7 – d6 und seltener
d) – Sc6 – d4 e) – f7 – f5 f) g7 – g6

Vielleicht fällt Ihnen später einmal ein Buch in die Hand: „Varnucz, die Spanische Partie." Erschrecken Sie nicht. Über jede Eröffnung läßt sich ein solch umfangreiches Buch schreiben. Deshalb werden Sie verstehen, daß ich bei der Kommentierung einer Partie immer nur auf das Wesentliche eingehen kann. Es gibt nicht wenige Spieler, die sagen können, den Stoff beherrsche ich. Diese Spieler mögen die eine oder andere Variante vielleicht nicht genau kennen, sie sind aber vertraut mit den Stellungen.

4. 0 – 0

Hier begegnet uns die Rochade, die den König in eine sichere Ecke und den Turm in die Mitte des Feldes führt, ein Zug, der in den meisten Fällen schnell gemacht werden sollte. Hier jedoch wird vorher c2 – c3 empfohlen, weil Schwarz mit Sc6 – d4 gleich den Läufer auf b5 angreifen kann. Aber einen Fehler stellt die frühe Rochade jedoch nicht dar. Für das tiefere Eindringen in die Stellung hier die „Hauptvariante“:

4. c2 – c3	Sg8 – f6
5. 0 – 0	0 – 0
6. d2 – d4	Lc5 – b6!
7. Lb5 x c6	b7 x c6
8. Sf3 x e5	Sf6 x e4
9. Tf1 – e1!	Se4 – d6
10. Lc1 – f4	mit besserer weißer Stellung.

Diese eingestreuten Varianten können Sie aber auch erst überschlagen. Es bieten sich für später Vergleichsmöglichkeiten.

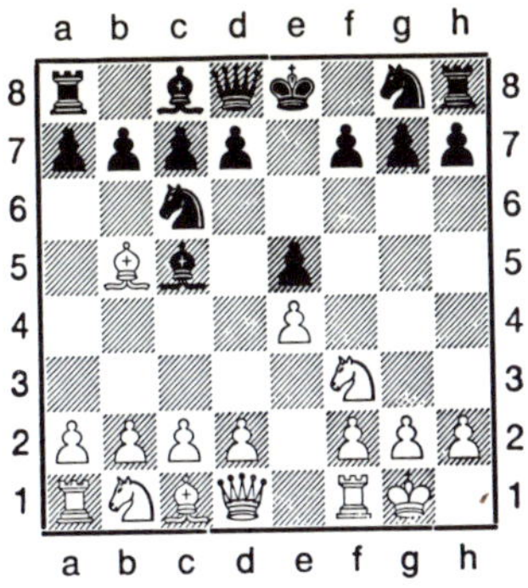

Nach 4. 0– 0

4. . . .   Sg8 – e7

Ein passiver Zug. Ich wollte nach einem Schlagen auf c6 mit diesem Springer wiedernehmen, um e5 zu decken. Viel stärker steht der Springer jedoch auf f6, da er e4 angreift und nach Tf1 – e1 über g4 zusammen mit dem Läufer auf c5 den „wunden" Punkt f2 angreift.

5. c2 – c3   d7 – d6?

Schwarz deckt noch einmal den Bauern e5 und macht die Diagonale für den Lc8 frei. Und doch ist der Zug zu tadeln.

6. d2 – d4!

Der Lc5 wird angegriffen. Zieht er nach b6 zurück, so zieht Weiß weiter mit d4 – d5 und greift den Springer auf c6 an, der durch den Läufer b5 gefesselt ist, das heißt, der Springer kann nicht ziehen, weil der König im Schach stände. Wenn man in einem so frühen Partiestadium eine Figur verliert, kann man die Partie meistens nicht mehr lange halten. Der Mehrbesitzer versucht dann, die Figuren schnell zu tauschen, so daß am Ende ein deutliches Übergewicht besteht.

6. . . .   a7 – a6?

Auch das nützt nichts mehr. (6. . . . e5 x d4 7. c3 x d4 Lc5 – b4 8. a2 – a3 Lb4 – a5 9. b2 – b4 La5 – b6 10. d4 – d5 mit Figurengewinn.)

7. Lb5 x c6 +   Se7 x c6
8. d4 x c5   Lc8 – g4

Ein erfahrener Spieler würde nach Figurenverlust also

aufgeben. Aber hier sind zwei jugendliche Draufgänger am Werke, die es wissen wollen.

9. c5 x d6	c7 x d6
10. b2 – b3	

Geschieht, um den Lc1 nach a3 mit Druck auf d6 zu entwickeln.

10. . . .	h7 – h5

Ein verzweifelter Angriff, der eigentlich gar nicht die Bezeichnung verdient.

11. Lc1 – a3	Th8 – h6	deckt d6
12. h2 – h3	Dd8 – f6!	

Mein erstes freiwilliges Figurenopfer, um noch auf der h-Linie einen Angriff zu erhalten. Wir sehen, daß manchmal auch ohne Rochade der Turm auf der h – oder a – Linie angreifen kann.

13. h3 x g4

Weiß nimmt die zweite Figur und will es sich zeigen lassen.

13. . . .	h5 x g4

Zieht der Springer zurück nach h2, folgt der Angriff mit Dh4!

14. Dd1 x d6

Gibt nach Damentausch eine Figur zurück, um dem Angriff auf der h-Linie zu entgehen.

14. . . .	g4 x f3
15. Df6 – f8 +	

Richtiger war der Damentausch, um mit einer Mehrfigur ins Endspiel zu gehen, aber Weiß wollte mattsetzen.

15. . . .	Ke8 – d7
16. Tf1 – d1 +	Kd7 – c7
17. La3 – d6 +	Kc7 – b6
18. Ld6 – c5 +	Kb6 – c7
19. Lc5 – d6 +	Kc7 – b6

Weiß sieht, daß er nicht mattsetzen kann, deshalb nimmt er den Turm.

20. Df8 x a8??	Df6 – h4!

Und Schwarz gewann. Das Matt auf h1 ist nicht mehr zu decken. Mit viel Selbstvertrauen und des Gegners Hilfe wendete sich das Blatt.
Ein ähnlicher Eröffnungsfehler wie in dieser Partie unterlief mir auch in meiner **3. Partie.** Diesmal hatte ich Weiß, und meine Spielpraxis zählte erst wenige Wochen.

1. e2 – e4	c7 – c5

Mein Gegner lenkte mit diesem ersten Zug in die Sizilianische Verteidigung ein. Ich hatte mir diese Eröffnung noch nicht angesehen, versuchte also „logisch" zu spielen.

2. Sg1 – f3	Sb8 – c6

Neben diesem Zug sind die Züge e7 – e6 und d7 – d6 die gebräuchlichsten.

3. Sb1 – c3

Meistens geschieht hier sofort d2 – d4. Der Textzug jedoch ist auch gut.

3. . . .   e7 – e6
4. a2 – a3

Dieser Zug ist unlogisch. Er tut nichts für die Entwicklung. d2 – d4 oder auch Lf1 – c4 waren richtig.

4. . . .   d7 – d5

Nun besetzt Schwarz mit zwei Bauern die Mitte und erhält die Initiative.

5. Lf1 – b5   d5 – d4

Schwarz schafft sich ein sicheres Zentrum, vertreibt den Sc3, der kein gutes Feld mehr hat. Lehre: Ein Tempoverlust – wie hier 4. a2 – a3 – kann schon verheerende Folgen haben.

6. Sf3 – e5

Hier will Weiß mit taktischen Mitteln wieder die Initiative übernehmen. Der Se5 kann wegen der Fesselung nicht gewonnen werden. Aber schon 6. . . . d4 x c3 7. Se5 x c6 b7 x c6 8. Lb5 x c6 Lc8 – d7 9. Lc6 x a8 Dd8 x a8 hätte Qualitätsverlust (Turm gegen Figur) bedeutet. Aber Schwarz spielt viel stärker

6. . . .   Dd8 – c7!

Jetzt sind beide weißen Springer angegriffen.

7. Sc3 – d5?

Auch dieser Zug läßt erkennen, daß Weiß noch nicht in der Lage ist, Kombinationen über mehrere Züge genau zu berechnen.

7. . . .   e6 x d5

Auch Dc7 x e5 wäre gut.

8. Se5 x c6

Wahrscheinlich hat Weiß zu spät gemerkt, daß er nach e4 x d5 zwar den Springer auf c6 gewinnt, aber Schwarz mit Dc7 x e5 + doch eine Figur übrigbehält.

8. . . .	b7 x c6
9. Lb5 – d3	c5 – c4

Zieht der Läufer weg, fällt auch noch der Bauer auf e4. Ausbeute: Es fehlen eine Figur und ein Bauer, dazu ist auch die Stellung nicht mehr zu halten.

Aus **Partie Nr. 4** können wir lernen, wie allzu hastiges Greifen nach dem Bauern das eigene Verderben herbeiführen kann.
Mit schwarzen Steinen mußte ich gegen den Vereinsmeister antreten, der mir meine Fehler sehr schnell aufzeigte.
Diesmal – gelernt aus der schwachen Eröffnungsbehandlung der vorigen Partie – versuchte ich mich „Sizilianisch“ zu verteidigen.

1. e2 – e4	c7 – c5
2. Sg1 – f3	e7 – e6

Diesen zweiten Zug von Schwarz erwähnte ich als gute Verteidigungsmöglichkeit neben Sc6 und d6. In Fachkreisen spricht man vom Scheveninger System.

3. d2 – d4	c5 x d4

Schwarz nimmt sofort den Kampf um die Beherrschung des Zentrums auf.

4. Sf3 x d4	Sg8 – f6

Angriff auf den Mittelfeldbauern e4. Ein Fehler von Weiß wäre jetzt der Durchzug e4 – e5, um den Springer wieder zu vertreiben. Schwarz würde nach Dd8 – a5 + den Bauern auf e5 schlagen können. Dieses Seitenschach von der Dame muß stets beachtet werden.

5. Sb1 – c3

Weiß entwickelt seine Figuren weiter und deckt mit dem Springer den Bauern auf e4. Nachdem der Springer auf c3 steht, kann die schwarze Dame nicht mehr auf a5 Schach bieten, so daß jetzt der Vorstoß droht. Deshalb wird jetzt d7 – d6 von Schwarz bevorzugt. Doch mir ist die theoretische Zugfolge noch nicht bekannt, so daß ich mir einen anderen Plan zurechtlege.

5. . . . Lf8 – b4

Der Springer auf c3 wird gefesselt, so daß der Bauer auf e4 wieder hängt. Ein nicht versierter Gegner hätte jetzt den Bauern e4 gedeckt mit folgenden Möglichkeiten a) Lf1 – d3 b) f2 – f3 oder indirekt durch die Fesselung des Springers nach Lc1 – g5. Aber mein Gegner zeigt, daß er nicht nur Züge gelernt hat, sondern auch die folgende Stellung genau beurteilen kann. Er spielt

6. Sd4 -- b5!

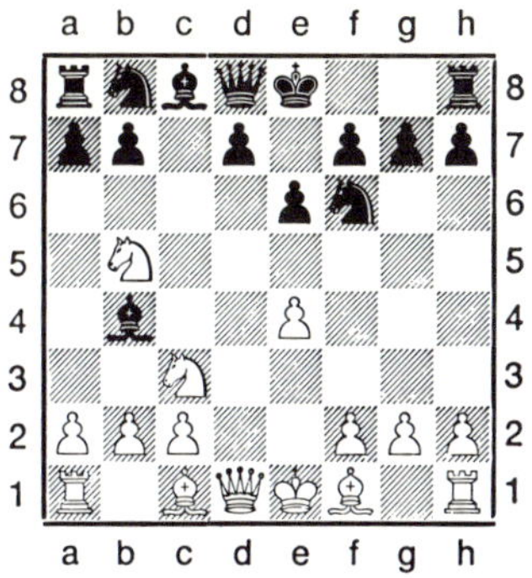

Sie werden zunächst genau wie ich reagieren und den Zug

6. . . . Sf6 x e4

für möglich halten.

7. Dd1 – d4!

Doppelter Figurenangriff.

7. . . . Lb4 x c3 +
8. b2 x c3 d7 – d5.

Schwarz zieht es vor, den Se4 zu decken, läßt dadurch aber den Bauern auf g7 ungedeckt. Er hatte auch die Möglichkeit, den Springer nach f6 zurückzuziehen, fürchtete aber das Springerschach auf d6. Die Folge hätte sein können 9. . . . Ke8 – e7 10. Lc1 – a3. Jetzt droht der Springerabzug mit Läuferschach z. B. Sd6 x b7 mit Läuferschach und Damenverlust durch den Springer oder noch besser Sd6 – f5 mit Doppelschach durch Läufer und Springer. Danach könnte der König nur noch nach e8 zurück und würde mit Sf5 x g7 mattgesetzt!
In der Partie folgte nach d7 – d5

9. Dd4 x g7

Was nun? Der Turm ist angegriffen. Zieht er nach f8, folgt ebenfalls Lc1 – a3, und der Turm ist weg. Also entschließt sich Schwarz zu

9. . . . Dd8 – f6

um den Turm zu decken. Doch jetzt erweist sich der Springer auf b5 als übermächtig

10. Sb5 – c7 +

mit Angriff auf Turm a8

10. . . .	Ke8 – d7
11. Dg7 x f6	Se4 x f6
12. Sc7 x a8	

Wenige Züge nach dem gierigen Bauernraub hat Schwarz einen Turm weniger. Er versucht mit den nächsten Zügen, wenigstens den Springer auf a8 als kleine Entschädigung zurückzugewinnen.

12. . . .	Th8 – g8

Zunächst soll der Turm eine offene Linie erhalten.

13. Lc1 – f4

Jetzt ist die Läuferentwicklung hierhin wirkungsvoller. Der Läufer möchte dem Springer nach c7 ein Fluchtfeld beschaffen.

13. . . .	Sb8 – c6.

Jetzt kann der Springer nicht nach c7, weil Schwarz mit e6 – e5 den Läufer angreifen würde und dem Springer die Deckung entzogen würde.

14. Lf1 – b5

Ein guter Zug; der Springer auf c6 wird gefesselt, so daß das Fluchtfeld wieder frei wird, z. B. Sa8 – c7 e6 – e5 Lf4 x e5! denn der Springer kann nicht zurückschlagen, weil der König im Schach stünde. Also versucht Schwarz, das Feld c7 wieder zu „kontrollieren“

14. ... Sf6 – e8
15. Ta1 – d1

Der Turm wird in Stellung gebracht. Es droht c3 – c4 mit doppeltem Angriff auf d5.

15. ... a7 – a6?

Dem Schwarzen wird die Springerfesselung c6 zu unangenehm, so daß er den Läufer „befragt". Er übersieht aber, daß der Springer auf a8 ein neues Fluchtfeld erhält

16. Sa8 – b6 + Kd7 – d8
17. Lb5 – a4

Weiß möchte seinen weißfeldrigen Läufer gern behalten, da er in Verbindung mit seinem schwarzfeldrigen Kollegen als Läuferpaar eine größere Wirkung erzielt als der gegnerische Springer.

17. ... Tg8 x g2

Schwarz, verärgert über die gelungene Flucht des eingesperrten Springers, möchte sich wenigstens noch den Bauern zu Gemüte führen.

18. Lf4 – g3

Zugeschnappt ist die Falle. Ein beliebter Fehler von Anfängern

18. ... Se8 – f6

Der Springer kommt zu Hilfe.

19. Ke1 – f1 Tg2 x g3

Sonst wäre der Turm ganz verloren gewesen.

20. h2 x g3

Nun hätte ich natürlich meine Waffen strecken sollen. Weiß besitzt 2 Türme und 2 Figuren gegen 3 schwarze Figuren. Also Turm und Qualität mehr. Aber wir wollen die Partie weiter verfolgen, da der Anfänger ja allein mit dem Materialgewinn noch nicht gewonnen hat, wenn er die technische Abwicklung bis zum endgültigen Partiegewinn nicht beherrscht.

20. . . .	Kd8 – c7
21. Sb6 x c8	

Weiß im materiellen Übergewicht verringert zunächst einmal das gegnerische Potential.

21. . . .	Kc7 x c8
22. Th1 – h6	Sf6 – e4
23. La4 x c6	b7 x c6
24. Th6 x h7	Se4 x c3
25. Td1 – d3	Sc3 x a2
26. Td3 – a3	Sa2 – b4
27. Th7 x f7	d5 – d4

Schwarz versucht, aus seiner Bauernmehrheit noch Nutzen zu ziehen. Leider ist der König nun durch Turm f7 auf der Grundlinie gefangengehalten, so daß er den Bauernvorstoß nicht unterstützen kann.

28. Ta3 – a4	c6 – c5
29. Ta4 – a5	

Weiß lockt die schwarzen Bauern so weit nach vorne, bis sie nicht mehr gehalten werden können.

29. . . . Kc8 – d8
30. Ta5 x c5

Jetzt gab Schwarz auf. Es hätte folgen können

30. . . . d4 – d3
31. Tc5 – h5.

Weiß versucht, die Türme auf die letzte und vorletzte Reihe zu bekommen und so den König mattzusetzen. Es droht Th5 – h8 Matt.

31. . . . Kd8 – e8
32. Tf7 – a7 mit endgültigem, unabwendbaren Matt auf h8! Schwarz hätte auch anders als 30. d4 – d3 ziehen können, dieses Matt wäre nicht zu verhindern gewesen. Diesmal hatte ich gegen den Vereinsmeister eine Niederlage eingerechnet, so daß ich stolz war, eine Stunde Widerstand geleistet zu haben. Einiges glaubte ich auch dadurch gelernt zu haben.

Die nächste Partie führte mich gegen den 4. Brettspieler des Vereins. Ich muß zugeben, daß ich keinen Tag verstreichen ließ, ohne an meinem Schachbrett zu sitzen. Ich hatte ein Buch besonders schätzen gelernt, das der inzwischen verstorbene, hochbegabte Spieler und Analytiker Brinkmann über den ehemaligen Großmeister Bogoljubow geschrieben hatte. Bogoljubow war Anfang der zwanziger Jahre der stärkste Spieler der Welt. Seine Partien habe ich immer wieder nachgespielt und versucht, so gut ich konnte, sie in meinen späteren Partien zu kopieren. Für diese Partie hatte ich die Französische Verteidigung vorbereitet. Damals – man schrieb das Jahr 1954 – gab es wenige Schachbücher und Zeitschriften – sammelte ich alle Partien, die so eröffnet wurden. Ich suchte mir dann eine Variante heraus, die mir sympathisch erschien.

Partie Nr. 5

Mein Gegner wählte den Eröffnungszug

1. e2 – e4

Für mich keine Überraschung, da ich schon damals das Spiel meiner Gegner genau studierte. Ich mußte ja etwas mehr „büffeln", weil meine Partner besser spielten und viele Jahre Erfahrung mitbrachten.

1. . . . e7 – e6.

Bereits der 1. Zug von Schwarz charakterisiert die Französische Verteidigung, die ihren Namen aus einer Fernpartie zwischen London und Paris aus dem Jahre 1834 erhielt.
Diese Eröffnung wird meistens von Konterspielern gewählt, die bereit sind, sich einengen zu lassen, den Angriff des Weißen abzuwehren, um durch eine bessere Bauernstellung erst im Endspiel Vorteil zu erlangen.

2. d2 – d4

Weiß besetzt sofort mit einem zweiten Bauern die Mitte.

2. . . . d7 – d5

Schwarz muß natürlich einen vorgeschobenen Bauern dagegenstellen, um nicht gleich ganz eingeigelt zu werden.

3. Sb1 – d2

Meistens spielt Weiß den Springer nach c3. Mit diesem Zug verhindert er aber das schwarze Gegenspiel Lf8 – b4.

3. . . . c7 – c5

Hier hat Schwarz bereits einige gute Möglichkeiten wie Sg8 – f6 oder Sb8 – c6. Mit dem Textzug c7 – c5 versucht Schwarz gleich eine Klärung im Zentrum.

4. Sg1 – f3

Weiß entwickelt weiter und deckt den angegriffenen Bauern auf d4. Ebenfalls spielbar ist der Tausch e4 x d5, worauf Schwarz mit e6 x d5 oder auch Dd8 x d5 antworten könnte.

4. . . . Sb8 – c6

Der Bauer d4 wird erneut angegriffen.

5. c2 – c3 b7 – b6

Schwarz steht vor dem Problem – wie immer in dieser Eröffnung – wohin entwickle ich den durch e6 eingeschlossenen Lc8?

6. Lf1 – d3

Eine andere Möglichkeit wäre Lf1 – b5 mit Fesselung des Springers gewesen.

6. . . . d5 x e4

Ich fürchtete jetzt eine Einengung durch e4 – e5, weil ich den Läufer c8 nach b7 entwickeln wollte.

7. Ld3 x e4 Lc8 – b7
8. Sd2 – b3 Sg8 – f6

Ich muß sagen, daß mir meine Stellung gut gefiel und ich mit meiner Vorbereitung zufrieden war.

9. Le4 – c2

Weiß möchte natürlich seinen Läufer behalten

9. . . .	Lf8 – e7
10. 0 – 0	0 – 0
11. Lc1 – g5	

Weiß vollendet seine Entwicklung

11. . . .	c5 x d4

Der Tausch ist jetzt gut, da sonst Weiß seinerseits auf c5 schlägt und Schwarz einen Einzelbauern machen würde, der ein leichtes Angriffsziel bieten würde.

12. Sf3 x d4	h7 – h6

Schwarz greift den Läufer an, um die Fesselung loszuwerden. Diese Öffnung des Königsflügels stellt keine Schwäche dar, da der König im Endspiel oft nach einem Schachgebot auf der Grundlinie dieses „Luftloch" benötigt.

13. Lg5 x f6

Weiß gibt das Läuferpaar auf, um auf der Diagonalen b1 – h7 einen Angriff mit Dame und Läufer zu starten.

13. . . .	Le7 x f6
14. Dd1 – d3.	

Es droht Matt auf h7, das nur durch einen Zug zu parieren ist

14. . . . g7 – g6
15. Ta1 – d1

Der weiße Turm besetzt die einzige freie Linie (eine Linie, die von keinem Bauern besetzt ist) und verstärkt den Druck auf die Dame d8. In solchen Stellungen ist äußerste Vorsicht geboten.
Der Turm kann nach Abzug der vor ihm stehenden Figuren leicht der gegnerischen Dame zum Verhängnis werden.

15. . . . e6 – e5

Schwarz versucht den Springer zu vertreiben, um die starke weiße Dame zu tauschen, doch leider übersieht er die nächste Zugfolge.

16. Sd4 x c6! Lb7 x c6
17. Dd3 – h3

Schon hat sich die Befürchtung realisiert. Weiß greift mit der Dame h6 an, und der Turm bedroht Dd8. Beide Drohungen sind nicht zu parieren. Schwarz gerät in Nachteil. Meine Anmerkung von damals, daß Lb7 x c6 ein Fehler ist und besser erst die Dame getauscht werden müsse, ist leider ganz falsch. Es würde folgen Td1 x d3 Lb7 x c6 und Td3 – d6 mit Angriff auf beide ungedeckten Läufer. Das Verhängnis wäre also größer gewesen.

17. . . . Dd8 – c7
18. Dh3 x h6 Ta8 – d8
19. h2 – h4

Weiß marschiert weiter gegen den doppelt angegriffenen Punkt g6 vor. Sofort Lc2 x g6 geht nicht wegen f7 x g6, Dh6 x g6 + und Lf6 – g7. Weiß hätte zwar drei Bauern für eine Figur, aber das Läuferpaar würde am Ende doch dominieren.

19. . . .	Lf6 – g7
20. Dh6 – e3	e5 – e4

Das dürfte nicht das stärkste sein, da der Sb3 wieder gut ins Spiel kommt. Aber es ist durchaus schwer, einen guten schwarzen Plan zu finden. Sofortiges Schlagen auf e4 ist nicht gut, z. B. 21. Lc2 x e4 Td8 – e8 22. f2 – f3 f7 – f5 und der Läufer wäre verloren.

21. Sb3 – d4	Lg7 x d4
22. Td1 x d4	Td8 x d4
23. c3 x d4	Tf8 – e8

Auf Lb5 (Angriff gegen Tf1 und Lc2) wäre einfach Tf1 – c1 gekommen.

24. Tf1 – c1	Dc7 – d6

Diesmal habe ich dazugelernt und verlasse gleich die Turmlinie.

25. Lc2 – b3

Da e4 genügend gedeckt ist, sucht sich der Läufer eine neue Diagonale mit Angriff auf f7

25. . . .	Lc6 – d5
26. Lb3 – a4	Te8 – e7

Besser wäre jetzt Te8 – d8 gewesen, erstens, um die letzte Reihe vor Schachgeboten zu schützen und zweitens, um einen weiteren Angriff auf d4 zu betreiben.

27. De3 – h6

mit Mattdrohung durch Tc1 – c8

27. . . .	Dd6 – e6
28. La4 – b3	Ld5 x b3
29. a2 x b3	Te7 – e8

Jetzt droht De6 x b3

30. Tc1 – c4 Te8 – c8

Das Turmtauschangebot ist von Schwarz jetzt nicht gut, weil er ja immer noch einen Bauern weniger hat und somit schlechtere Endspielchancen hat als Weiß.

31. Dh6 – c1

Dieser Damenzug widerlegt Tc8, da er jetzt zweimal angegriffen wird und somit dem Weißen erlaubt, seine schwachen Doppelbauern durch Tausch b3 x c4 in einen starken verbundenen (mit d4) Freibauern umzuwandeln.

31. . . . Tc8 x c4

Auf jeden Fall war Tc8 – d8 besser

32. Dc1 x c4

Ich hätte b3 x c4 vorgezogen. Weiß wollte wahrscheinlich nicht De6 – f6 mit Angriff auf die Bauern d4 und h4 zulassen, aber die starken Bauern nach d4 – d5 hätten den Sieg sichergestellt.

32. . . . De6 – f6

Schwarz darf natürlich nicht die Damen tauschen, weil Weiß nach b3 x c4 mit einem Mehrbauern im reinen Bauernendspiel gewinnen würde.

33. Dc4 – c3

Weiß möchte seinen Bauern d4 vorziehen, ohne den Bauern auf b2 aufzugeben. Den nicht gedeckten Bauer auf h4 gibt er dafür auf. Durch den Deckungszug g2 – g3 würde Weiß zwar seinen Bauern auf h4 behalten, aber er nähme eine Schwächung seines Königsflügels in Kauf. Die schwarze Dame hätte über f3 neue Angriffspunkte.

....	Df6 x h4
34. d4 – d5	Dh4 – f4

Hält den Bauern d5 auf.

35. g2 – g3

Siehe die Anmerkung zum 33. Zug von Weiß. Deshalb ist jetzt der Zug unverständlich.

35. ...	Df4 – d6

Df4 – f3 scheitert an Dc3 – d2, und der weiße Bauer zieht weiter. Allerdings wäre der Tausch Dc3 x f3 für Weiß verloren gewesen, da Schwarz den Bauern d5 mit seinem König erobert hätte.

36. Dc3 – c6

Jetzt darf Schwarz nicht tauschen, da nach d5 x c6 der Bauer nicht mehr vom König erreicht werden kann.

36. ...	Dd6 – c5

Jetzt darf Weiß nicht schlagen, da der Bauer d5 wieder geholt würde. Wir sehen, wie schwer ein Damenendspiel ist.

37. Kg1 – f1?

Das ist von Weiß schwach gespielt. Es mußte natürlich Dc6 – e8 + nebst De8 x e4 kommen.

37. . . . e4 – e3

Ein Zug, der, wie es scheint, vom Damentausch widerlegt wird, aber die Sache wird noch spannend.

38. Dc6 x c5

Jetzt schlägt Weiß, da Schwarz den vorgezogenen Bauern auf e3 einbüßt.

38. . . . b6 x c5
39. f2 x e3 f7 – f5

Schwarz möchte e3 – e4 vermeiden.

40. Kf1 – e2 Kg8 – f7

Im Bauernendspiel gewinnen die Könige an Bedeutung, da sie die einzigen Figuren darstellen, die das Vorrücken der Bauern unterstützen können.

41. Ke2 – d3 Kf7 – e7

Er eilt zu seinem schutzlosen Bauern c5.

42. e3 – e4

Ob dies reicht, werden wir noch untersuchen.

42. . . . Ke7 – d6

Viel besser als f5 x e4, da der weiße König ein Tempo gewonnen hätte.

43. e4 x f5

Sonst würde Schwarz zu Ke5 kommen und den Bauern e4 zweimal angreifen.

43. . . .	g6 x f5
44. Kd3 – c4	a7 – a6

Wir sehen, daß Schwarz nur noch diesen Bauern ziehen konnte, allerdings auch noch nach a5. Nicht nur Anfänger müssen diese Stellung genau untersuchen.

45. b3 – b4

Weiß hat keine andere Möglichkeit.

45. . . .	c5 x b4

Auch Schwarz muß so spielen. Wir sprechen in solchen Fällen von „Zwangszügen".

46. Kc4 x b4	Kd6 x d5
47. Kb4 – a5	

Jetzt bemächtigt sich der weiße König des Bauern a6.

47. . . .	Kd5 – e4

Wenn Schwarz an den Bauern b2 geht, ist der weiße König schneller bei f5.

48. Ka5 x a6	Ke4 – f3
49. b2 – b4	Kf3 x g3
50. b4 – b5	Kg3 – g2

Er geht schon aus der Diagonalen b8 – h2, um beim Einzug des weißen Bauern nicht im Schach zu stehen.

51. b5 – b6	f5 – f4
52. b6 – b7	f4 – f3
53. b7 – b8 D	f3 – f2

Nun scheint Weiß schneller zu sein, aber wir werden noch eine Überraschung erleben.

54. Db8 – g8 +	Kg2 – h1

Der Zug ist richtig. Wir werden gleich sehen, warum

55. Dg8 – d5 +	Kh1 – g1
56. Dd5 – g5 +	Kg1 – h1
57. Dg5 – h4 +	Kh1 – g1
58. Dh4 – g3 +	Kg1 – h1!!

Die Partie ist remis, da die Dame nach Dg3 x f2 den schwarzen König patt gesetzt hat! Wäre 58. ... Kg1 – f1 gefolgt, würde Weiß seinen König nach b5 gezogen haben, um sich ebenfalls zum Bauern f2 zu begeben.
Was hat Weiß im Endspiel mit einem Mehrbauern falsch gemacht oder war die Partie nicht zu gewinnen?

Wenn wir uns noch einmal die Stellung auf dem Diagramm

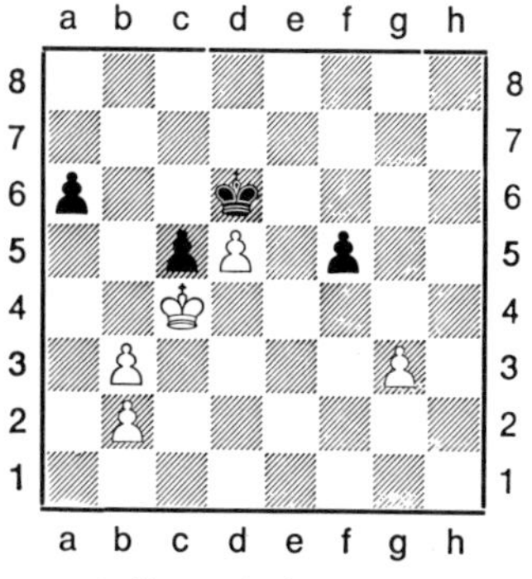

nach dem 44. Zug ansehen, stellen wir fest, daß Weiß

keine andere Möglichkeit hatte, da der Bauer f5 bis f2 vorrückt und dort, wie wir gesehen haben, remis hält. Deshalb sind die jeweiligen f – bzw. c – Bauern im Damenendspiel oft für eine Überraschung gut. Offensichtlich kann Weiß, nachdem der schwarze König auf d6 steht, das Spiel nicht mehr zu seinen Gunsten entscheiden. Wir wollen die „Königswanderung" noch einmal nach dem 40. Zug von Schwarz (Kf7) verfolgen

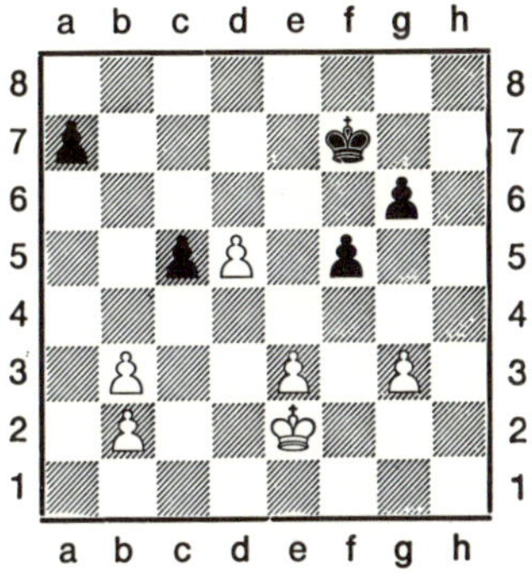

Wir versuchen, den König einmal anders gehen zu lassen.

41. Ke2 – f3 Kf7 – f6. Jetzt braucht der schwarze König c5 nicht zu schützen. Und jetzt scheitert der Zug an 42. ... Kf6 – e5. Auch 42. Kf3 – f4 ist mit g6 – g5 + widerlegt. Und auf e3 – e4 folgt ebenfalls Kf6 – e5. Wir müssen zu dem Ergebnis kommen, daß Weiß die Dame doch nicht tauschen durfte! Wir sehen an dieser Partie, wie weit man oft im voraus rechnen muß. Ich muß gestehen, daß ich mit meiner Partie mehr als zufrieden und für einen Anfänger auch sein durfte.

Inzwischen hatte ich einige Turnierpartien gespielt, und als in Dortmund das Vorturnier zur Stadtmeisterschaft der Senioren (ich war damals 16 Jahre) veranstaltet wurde, wollte ich meine Spielstärke testen oder unter Beweis stellen. Als die einzelnen Gruppen ausgelost waren, hieß es, Farbe bekennen. Ich kannte damals noch keinen Gegner, und ich befürchtete, man konnte mir ansehen, daß ich ein Anfänger war und nicht hierhin gehörte. Die nachfolgende Partie zeigt dann auch, daß meine innere Unsicherheit sich sehr schnell auf das Brett übertrug.

Partie Nr. 6

Mein Gegner eröffnete

1. e2 – e4	e7 – e5
2. Sg1 – f3	Sb8 – c6
3. Lf1 – c4	

Diese Zugmöglichkeit erwähnte ich schon in der 2. Partie als Italienische Eröffnung. Die Antwort des Schwarzen heißt ebenfalls Läuferentwicklung nach c5. Beide Läufer zeigen dann auf die schwachen Punkte f2 bzw. f7.
Ich wählte jedoch einen anderen Zug, der mir ebenfalls aggressiv erschien:

3. . . .	Sg8 – f6

Nach diesem Zug erhält die Eröffnung die Namen „Zweispringerspiel im Nachzuge" oder „Preußisch". Für einen Anfänger ist dieser Zug nicht empfehlenswert, da er Komplikationen und Zugfolgen ergeben kann, die schwerlich zu „erfinden" sind, wenn die Erfahrung fehlt. Und eben dies nutzte mein Gegner aus, indem er

4. Sf3 – g5

spielte. Dieser Zug hat schon viele Attribute erhalten,

weil er den Grundsatz verletzt, eine Figur in der Eröffnung nicht zweimal zu ziehen. Trotzdem ist es für Schwarz sehr schwer, Ausgleich in dieser Variante zu behalten.

Der Bauer f7 ist zweimal angegriffen und könnte direkt nur von der Dame auf e7 gedeckt werden. Aber dies würde ja nicht genügen, da Weiß einfach Lc4 x f7 + spielen könnte.

Eine andere Möglichkeit bietet noch

4. . . . d7 – d5

Im Augenblick ist der Punkt f7 indirekt überdeckt.

5. e4 x d5

Selbstverständlich schlägt Weiß diesen Bauern, da der eingeleitete Angriff fortgesetzt werden muß. Z. B. nach Lc4 – b3 könnte der Bauer e4 geschlagen werden.

5. . . . Sf6 x d5

Gerade auf diesen Zug hatte es mein Gegner, der die Züge kannte, abgesehen.

Wie soll aber ein Anfänger wissen, daß die eigentliche und erprobte Zugfolge 5. . . . Sc6 – a5 6. Lc4 – b5 + c7 – c6 7. d5 x c6 b7 x c6 8. Lb5 – e2! h7 – h6 9. Sg5 – f3 e5 – e4 10. Sf3 – e5 Lf8 – d6 usw. ist. Schwarz versucht, den Bauernverlust (oder Bauernopfer bei Experten) durch scharfes Angriffsspiel wettzumachen. Selbstverständlich sind auch viele andere Verteidigungsmöglichkeiten gefunden, widerlegt, verbessert usw. worden.

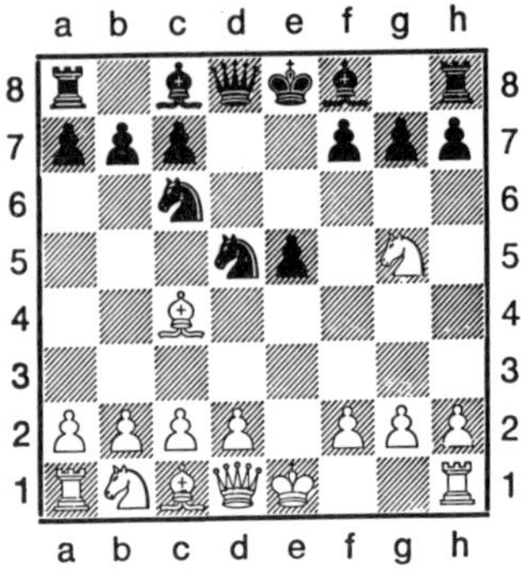

Nach 5. – Sf6 x d5

6. Sg5 x f7

Dieser Zug ist für erfahrene Angriffsspieler die Pointe, obwohl er umstritten ist.
Sie können die Hauptvariante einmal nachspielen:
6. d2 – d4 Lc8 – e6 7. Sg5 x e6 f7 x e6 8. d4 x e5 Sc6 x e5 9. Dd1 – h5 + Se5 – f7 10. 0 – 0 Dd8 – d7 11. Tf1 – e1 0 – 0 – 0 12. Dh5 – g4 Td8 – e8 13. Sb1 – c3 Lf8 – b4 14. Lc1 – d2 mit weißem Vorteil. Soweit ohne Kommentar zur Anregung.
Wir wollen uns zunächst auf unsere Partie konzentrieren.

6. . . . Ke8 x f7

Sonst ginge nach Dd7 der Turm h8 verloren.

7. Dd1 – f3 +

Jetzt war ich völlig durcheinander. Die Dame bietet Schach und greift den Springer auf d5 noch einmal an. Der Springer ist durch den Lc4 gefesselt.

7. . . . Kf7 – e8?

Auf den Zug Kf7 – e6 kam ich nicht mehr. Soweit

sollte sich der König nicht ins Feld wagen, und doch wäre es der einzige Verteidigungszug gewesen. Z. B.: 8. Sb1 – c3 (der 3. Angriff auf Sd5) Sc6 – b4 (Gegenangriff auf c2) 9. Df3 – e4 (deckt c2 und droht a3) c7 – c6 10. a2 – a3 Sb4 – a6 11. d2 – d4 Sa6 – c7 12. Lc1 – f4 (nach De4 x e5 + Ke6 – f7 kommt Weiß nicht weiter. Schwarz droht Ld6 nebst Te8 usw.) 12. ... Ke6 – f7 13. Lf4 x e5 Lc8 – e6 14. 0 – 0 – 0 g7 – g6 15. Td1 – d3 Lf8 – g7 16. Th1 – d1 Th8 – e8 und die Partie ist für Schwarz zu halten, sagt der Theoretiker. Sie werden beim Nachspielen dieser Zugfolge natürlich Fragen über Fragen haben. Hier begnügen Sie sich mit dem, was Sie verstehen, da es mir an dieser Stelle darauf ankommt, Ihnen die Kompliziertheit dieses ganzen Aufbaus zu zeigen. Und zudem spielt die Variante nicht die wichtige Rolle, daß es angebracht ist, gerade hierauf für Anfänger länger einzugehen.
Die Partie endete übrigens nach

8. Lc4 x d5 Lc8 – d7??

mit dem Matt Df3 – f7 nach 9 (!) Zügen.
Sie können sich leicht vorstellen, was man nach einem solchen Reinfall empfindet.

In der nächsten Partie hatte ich jedoch alle Hemmungen abgelegt und mir eine neue Verteidigung mit Schwarz zurechtgelegt. Mein Gegner war ein erfahrener und gefürchteter Spieler, so daß es mir zuerst darauf ankam, „lange“ durchzuhalten.

Partie Nr. 7

1. e2 – e4 c7 – c6

Die von mir gewählte Aufstellung nennt man Caro-

Kann-Verteidigung. Caro und Kann machten aus dem Verteidigungszug c7 – c6 ein ganzes System, das von dem späteren Weltmeister Capablanca verbessert wurde. Schwarz wählt die Verteidigung, wenn er gegen einen starken Angriffsspieler zunächst um Ausgleich zu kämpfen gedenkt.

2. Sb1 – c3

Diesem Zug begegnen wir sehr selten. Er wird bezeichnet als „Zweispringer-Variante“ innerhalb der Caro-Kann-Verteidigung. Der gebräuchlichste Zug ist 2. d2 – d4

Die Hauptvariante sei hier kurz erwähnt. 2. . . . d7 – d5 3. Sb1 – c3 d5 x e4 4. Sc3 x e4 Lc8 – f5 5. Se4 – g3 Lf5 – g6 6. h2 – h4 h7 – h6 7. Sg1 – f3 Sb8 – d7 8. h4 – h5 Lg6 – h7 9. Lf1 – d3 Lh7 x d3 10. Dd1 x d3 Dd8 – c7 11. Ld2! e6 12. Dd3 – e2 Sg8 – f6 13. 0 – 0 – 0 0 – 0 – 0 14. Sf3 – e5 Sd7 x e5 15. d4 x e5 Sf6 – d5! 16. f2 – f4 c6 – c5 17. c2 – c4 Sd5 – b4 18. Ld2 x b4 Td8 x d1 + 19. Th1 x d1 c5 x b4 (Spasski – Botwinnik 1966) mit Ausgleich.
Auch hier ist die eingestreute Variante als Anregung und zum späteren Nachspielen gedacht. Um eine solche schwere Partie verstehen zu können, muß man jahrelange Spielpraxis haben. Selbst dann benötigen Kommentatoren oft viele Seiten mit Anmerkungen und Hinweise auf bisher gespielte Partien.

2. . . . d7 – d5

Schwarz schließt in dieser Verteidigung seinen Läufer auf c8 nicht ein. In vielen Spielaufstellungen stellt nämlich der Lc8 ein richtiges Problem dar. Zieht er frühzeitig (vor e7 – e6) nach f5 oder g4, wird in den meisten Partien der Bauer b7 schwach, da oft die

Dame von b3 aus auf diesen Punkt einwirkt, wie wir später noch sehen werden.

3. Sg1 – f3

Jetzt hätte Weiß noch mit d2 – d4 die eben gezeigte Hauptvariante erreichen können.

3. . . . d5 x e4

Möglich sind ebenfalls die Züge Lc8 – g4 und Sg8 – f6

4. Sc3 x e4 Lc8 – f5

Hier ist der Läuferzug nicht so gut, wie in der Hauptvariante, wo der Sf3 noch nicht gezogen hat. Es könnte folgen:

5. Se4 – g3 Lf5 – g6? 6. h2 – h4 h7 – h6
7. Sf3 – e5 Lg6 – h7 8. Dd1 – h5 g7 – g6
9. Lf1 – c4!

(Die Dame kann nicht genommen werden, da Lc4 x f7 Matt bedeuten würde. Auch nach e7 – e6 ist die Partie positionell (stellungsmäßig) verloren. Die richtige Antwort im 4. Zuge ist Lc8 – g4).

5. Se4 – c3

Ein recht harmloser Zug, der Schwarz größere Entwicklungsmöglichkeiten bietet.

5. . . . Sb8 – d7

Dieser Zug geschieht bei Caro-Kann immer rechtzeitig, um dem Weißen das starke Springerfeld e5 nicht zu überlassen.

6. d2 – d4 e7 – e6
7. h2 – h3 Lf8 – e7

Stärker ist Lf8 – d6, um das Feld e5 noch einmal zu kontrollieren und um durch Lc1 – f4 nicht die große Rochade verhindert zu bekommen.

8. Lf1 – e2

Auch dieser Zug ist selten. Man spielt Ld3, um dem Lf5 die Wirkung zu nehmen.

8. . . .	Lf5 – g6

Besser natürlich die schnelle Entwicklung mit Sg8 – f6

9. 0 – 0	Sg8 – f6
10. Tf1 – e1	0 – 0

Diese Partieanlage ist schon als unregelmäßig zu bezeichnen. Alle sonst charakteristischen Merkmale sind hier nicht vorhanden. Schwarz dürfte Ausgleich erzielt haben.

11. a2 – a3

Gegen Le7 – b4 gedacht und um mit folgendem b2 – b4 den Befreiungszug c6 – c5 zu verhindern.

11. . . .	Ta8 – c8
12. Le2 – d3	

Jetzt entschließt sich Weiß bei drohender Öffnung der c-Linie doch noch für den Läuferabtausch.

12. . . .	Lg6 x d3
13. Dd1 x d3	h7 – h6
14. b2 – b4	

Schwarz hätte doch wohl schon im 11. Zuge c6 – c5 durchdrücken sollen.

14. . . . b7 – b5

Ein solcher Zug beschwört immer eine Schwäche im eigenen Lager herauf.
Bauer c6 ist jetzt ein hängender Bauer, der keine Möglichkeit mehr hat, vorzurücken. Das Feld c5 ist jetzt fest in Händen von Weiß. Es wird sich zeigen, ob Schwarz durch das Feld c4 einen Ersatz erhält.

15. Lc1 – f4 Tf8 – e8
16. Sc3 – e2 Sd7 – b6
17. Sf3 – e5 Sb6 – d5
18. Lf4 – d2 Le7 – d6
19. Se2 – g3 Ld6 – f8

Fürchtet einen Angriff auf dem Königsflügel.
Mittlerweile hat Schwarz keinen Plan mehr. Es kann kein wirksames Figurenspiel aufgezogen werden; eine Folge von 14. . . . b5.

20. Dd3 – f3

Fesselt den Springer auf f6, da f7 sonst zweimal bedroht.

20. . . . g7 – g6

Angesichts der vielen Angriffsfiguren auf dem Königsflügel, bedeutet dies eine Schwächung der schwarzen Verteidigung. Schwarz ist zu schlecht aufgestellt, so daß man jetzt kaum noch einen brauchbaren Vorschlag finden kann.

21. Sg3 – e4 Lf8 – g7

Nicht Sf6 x e4 wegen Df3 x f7 + nebst Se5 x g6 Matt.

22. c2 – c3	Dd8 – e7
23. Se4 – c5	

Besitzt jetzt alle strategischen Felder

23. . . .	Te8 – d8
24. g2 – g4	

Kann jetzt ungestört am Königsflügel losmarschieren.

24. . . .	Sf6 – h7
25. Df3 – g2	Sh7 – g5
26. f2 – f4	Lg7 x e5
27. f4 x e5	De7 – f8
28. h3 – h4	Sg5 – h7
29. Te1 – f1	

Weiß besetzt jetzt die halb geöffnete f-Linie.
Die schwarzen Figuren haben seit langem nur noch passive Züge.

29. . . .	Td8 – e8

Soll für die Verteidigung f7 herbeigeholt werden.

30. Tf1 – f2	Sd5 – b6
31. Ta1 – f1	Te8 – e7
32. Sc5 – e4	Tc8 – c7
33. Se4 – d6	Sb6 – c4
34. Ld2 – c1	a7 – a5

Der Springer auf d6 kann wegen der Gabel nach e5 x d6 nicht genommen werden.

35. Dg2 – e4	g6 – g5?

Besser Te7 – d7

36. h4 x g5	h6 x g5
37. Tf2 – h2	f7 – f5

Es mußte Df8 – g7 folgen.

38. g4 x f5	e6 x f5
39. Sd6 x f5	Te7 – f7
40. Sf5 – h6 +	

Angriff auf König und Turm f7

40. . . .	Kg8 – h8
41. Sh6 x f7 +	Tc7 x f7
42. Tf1 x f7	

Schneller ging die Partie mit Th2 x h7 + verloren!

42. . . .	Df8 x f7
43. e5 – e6	Df7 – g7

Richtiger natürlich Df7 – e7

44. e6 – e7	Sc4 – d6
45. e7 – e8 D +	Sd6 x e8
46. De4 x e8 +	Dg7 – g8
47. De8 x c6	

Weiß hätte natürlich auch die Damen tauschen können, weil er einen Turm mehr hat.
Nach 3 1/2 Stunden streckte ich die Waffen. Schwarz hat noch einige Fehler gemacht, aber doch eine erhebliche Steigerung gezeigt.

Wie schnell sich ein Anfänger, besonders als Jugendlicher, verbessern kann, zeigen meine anschließenden Partien.
Im nächsten Vierteljahr spielte ich 12 Partien und verlor nur noch eine! Ich untersuchte meine gespielten

Partien genauer, erkannte die Ungenauigkeiten schon in der Eröffnung und begann, mich auf einige Varianten zu spezialisieren. Von nun ab spielte ich mit Weiß nur noch d2 – d4. Ich hatte festgestellt, daß mir nicht der wilde Angriff Vorteil verschaffte, sondern die genaue positionelle Entwicklung.

Partie Nr. 8

1. d2 – d4	d7 – d5
2. c2 – c4	

Mit diesen Anfangszügen beginnt das „Damengambit". Der Name Gambit bedeutet, daß ein Bauer (in diesem Fall der Bauer c4) geopfert bzw. vorübergehend geopfert wird. Wenn Schwarz d5 x c4 spielt, spricht man vom „Angenommenen Damengambit". Weiß könnte schon mit Dd1 – a4 + den Bauern zurückgewinnen, doch wäre der frühzeitige Damenausfall nicht im Sinne dieser Eröffnung.

2. . . .	c7 – c6

Unser Vereinsmeister wählt die sogenannte Slawische Verteidigung. Den größten Beitrag zur Slawischen Verteidigung haben polnische, russische, tschechische und jugoslawische Theoretiker geleistet. Deshalb hat diese Verteidigung die Bezeichnung Slawisch erhalten.
Üblich ist auch e7 – e6 (das „abgelehnte Damengambit"); c7 – c6 erstrebt die Stützung des schwarzen d - Bauern, ohne die Entwicklung des Damenläufers (Lc8) zu erschweren, der später nach f5 oder b7 entwickelt wird.

3. Sb1 – c3	e7 – e6
4. Sg1 – f3	d5 x c4

Dieser Zug leitet das sogenannte Noteboom-System ein. Schwarz versucht entweder den Mehrbauern zu behaupten oder sich Gegenspiel am Damenflügel zu verschaffen. Dabei überläßt er dem Weißen eine mächtige Zentrumsstellung.
Das erstere wird mein mir überlegener Gegner wohl im Sinn geführt haben, da er ja annehmen konnte, daß ich die Entgegnungen nicht beherrsche. Bei gleichstarken Spielern hingegen findet man dieses Abspiel weniger. Deshalb ist es ratsam, den Aufbau der Partie mit der Spielstärke des Gegners abzuwägen.

5. a2 – a4

Dieser Zug schränkt die Möglichkeiten von Schwarz ein. Die sonst übliche Fortsetzung e2 – e3 beantwortet der Nachziehende mit 5. . . . b7 – b5, und der Bauer c4 bleibt zunächst erhalten.

5. . . . Lf8 – b4

Nach dieser Springerfesselung ist wieder b7 – b5 möglich.

6. e2 – e3

Natürlich ist auch e2 – e4 spielbar, doch ergeben sich für Weiß mehr Schwierigkeiten, weil die Zentrumsbauern e4 und d4 mit späteren Zügen c5 oder e5 gesprengt werden können.

6. . . . b7 – b5
7. Lc1 – d2 a7 – a5

Schwarz ist bereit, den c - Bauern zurückzugeben, wie wir gleich sehen werden, um den Druck am Damenflügel zu verstärken. Z. B. würde 7. . . . Db6 auf Erhalt des Mehrbauern zielen.

8. a4 x b5 Lb4 x c3

Würde Schwarz erst c6 x b5 spielen, gewänne Weiß mit Sc3 x b5 den Bauern zurück, und der Bauer c4 wäre schlecht zu verteidigen.

9. Ld2 x c3 c6 x b5
10. d4 – d5

Hier endete offensichtlich mein theoretisches Wissen. Die Stellung nach dem 9. Zug von Schwarz kann man in einschlägigen Büchern nachlesen.
Richtig ist 10. b2 – b3, da der Bauer c4 geschlagen und somit die schwarze Phalanx zerrieben werden kann. Nach c4 x b3 würde der Bauer b5 mit Lf1 x b5 + fallen. Die Zugfolge nach 10. b2 – b3 lautet 10. . . . Lc8 – b7 (wenn 10. . . . b5 – b4 so 11. Lc3 x b4, und der Bauer a5 kann nicht zurücknehmen, da der Turm auf a8 nicht gedeckt ist.) 11. d4 – d5. Der Bauer g7 hängt, und die Läufer werden aktiv. 11. . . . Sg8 – f6 12. b3 x c4 b5 – b4 13. Lc3 x f6 Dd8 x f6 14. Dd1 – a4 + Sb8 – d7 15. Sf3 – d4 e6 – e5 (Schlechter ist, um noch eine Möglichkeit zu zeigen: 15. . . . e6 x d5 16. c4 – c5 Ta8 – c8 17. Lf1 – b5) 16. Sd4 – b3 Ke8 – e7 Dies ist eine äußerst komplizierte Stellung, in der beide Partner sehr schnell straucheln können. Doch zurück zu unserer Partie:

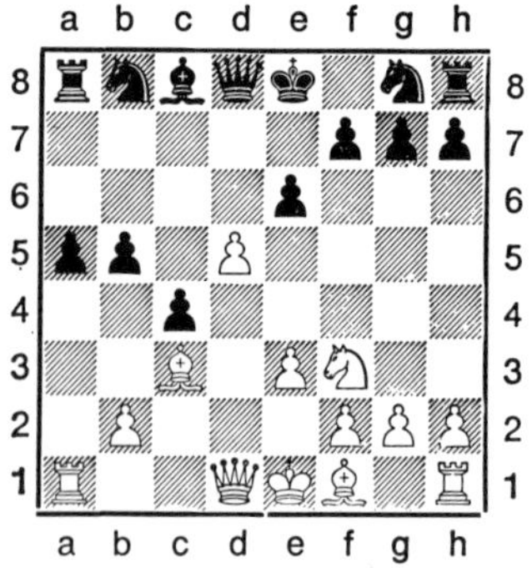

Nach 10. d4 – d5

10. . . . Sg8 – f6

Jetzt droht e6 x d5

11. d5 x e6 Dd8 x d1 +

Tauscht Schwarz die Damen nicht, folgt e6 x f7 + oder nach Lc8 x e6 tauscht Weiß mit Zerstörung der Rochademöglichkeit.

12. Ta1 x d1 f7 x e6

Lc8 x e6 wäre mit Sf3 – d4 beantwortet worden.

13. Td1 – a1

Jetzt besser als b2 – b3

13. . . . Sb8 – c6
14. b2 – b3 b5 – b4
15. Lc3 x f6 g7 x f6
16. Lf1 x c4

Jetzt erst erobert Weiß den Bauern zurück.
Wenn wir an die obigen Überlegungen nach dem 7. Zuge denken, müssen wir uns fragen, ob der taktische Plan von Schwarz – den vorübergehenden Mehrbauern zurückzugeben, um eine aktivere Stellung zu erhalten – aufgegangen ist.
Für Schwarz wird in der Folge die Erhaltung der Bauernmajorität auf dem Damenflügel (2 – 1) wichtig sein. Auf dem Königsflügel hat Weiß (4 – 3) das Übergewicht.

16. . . . e6 – e5

Nimmt dem weißen Springer das Feld d4

17. Lc4 – b5 Lc8 – d7

Nach 17. 0 – 0 hätte Schwarz mit Lc8 – a6 den wichtigen weißen Läufer abgetauscht.

18. 0 – 0 Sc6 – b8

Es drohte Tf1 – c1 mit doppeltem Springerangriff

19. Tf1 – c1!

Ein schöner Zug, da Ld7 x b5 durch Tc1 – c8 + verhindert wird.

19. . . . Ke8 – e7
20. Lb5 x d7

Auf Tc1 – c7 folgt einfach Ke7 – d6

20. . . . Sb8 x d7
21. Tc1 – c7 Ke7 – d6
22. Ta1 – c1 Ta8 – a6

Es drohte Tc1 – c6 + Kd5? e3 – e4 + mit Springerverlust.

23. Sf3 – d2 f6 – f5
24. f2 – f4 e5 – e4
25. g2 – g4

Weiß spielt sehr gut. Er lockt die schwarzen Bauern vor, um sie dann von hinten (f5) anzugreifen. Auf f5 x g4 würde unangenehm Sd2 x e4 + folgen.

25. . . . Th8 – g8
26. g4 – g5

Auf h2 – h3 wäre Sd7 – f6 gefolgt.

26. . . .	h7 – h6
27. h2 – h4	h6 x g5
28. h4 x g5	

Jetzt besitzt Weiß einen Freibauern und eine verdoppelte freie Turmlinie. Weiß steht besser.

28. . . .	Sd7 – f6?

Ein Fehler, der zum Verlust der Partie führen sollte. Schwarz wollte den Springer nach g4 entwickeln, um den Bauern e3 anzugreifen.

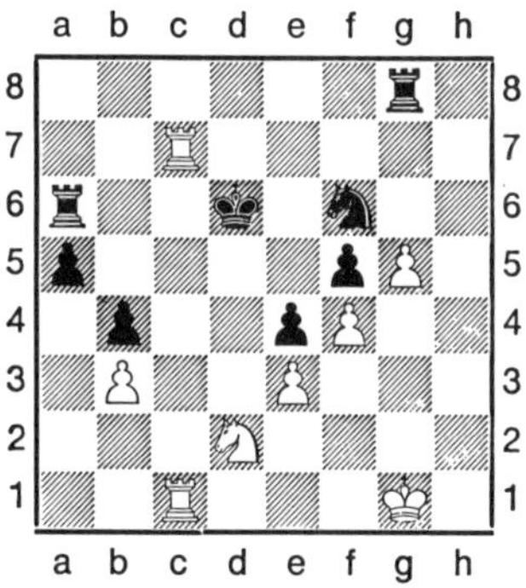

29. Tc7 – f7!	Sf6 – d7

Zieht der Springer nach g4, schlägt der Turm auf f5, und nach Sg4 x e3 folgt Tf5 – f6 + mit Turmgewinn.

30. Tf7 x f5	Tg8 – e8
31. g5 – g6	

Vielleicht zu voreilig. Besser Tc1 – c4, und der Bauer e4 wäre nicht zu decken, z. B. Kd6 – e6 Tc4 x e4 + Ke6 x f5 Te4 x e8

31. . . .	Kd6 – e6

32. Tf5 – g5 Ke6 – f6
33. g6 – g7 Te8 – g8
34. Sd2 x e4 + Kf6 – f7
35. Tc1 – c7 Kf7 – e8
36. Se4 – c5?

Bis zu diesem Zug kann man das weiße Spiel loben. Der Anfänger nimmt dem Meister jede Hoffnung. Sehen Sie den einfachen Gewinn? 36. Tc7 x d7 Ke8 x d7 37. Se4 – c5 + mit Turmgewinn!

36. . . . Sd7 x c5
37. Tc7 x c5 a5 – a4
38. b3 x a4 Ta6 x a4

Weiß steht natürlich immer noch klar auf Gewinn. Aber in der Folge macht sich die Unerfahrenheit im Endspiel und die Überanstrengung nach über 3 Stunden Spielzeit bemerkbar.

39. Tc5 – c8 + Ke8 – f7
40. Tc8 – c7? +

Hier gewann wieder einfach 40. Tg5 – f5 + Kf7 x g7? 41. Tf5 – g5 + mit Turmgewinn. 40. . . . Kf7 – g6 41. Tc8 x g8 Kg6 x f5 42. Tg8 – f8 + mit Einzug des Bauern

40. . . . Kf7 – f6
41. Tc7 – b7 Ta4 – a3
42. Tb7 x b4

Besser Kg1 – f2, um die verbundenen Bauern zu behalten.

42. . . . Ta3 x e3
43. Tb4 – b6 + Te3 – e6

Schwarz kann es sich leisten, den Turmtausch anzubieten, obwohl er zwei Minusbauern hat.

44. Tb6 x e6 + Kf6 x e6

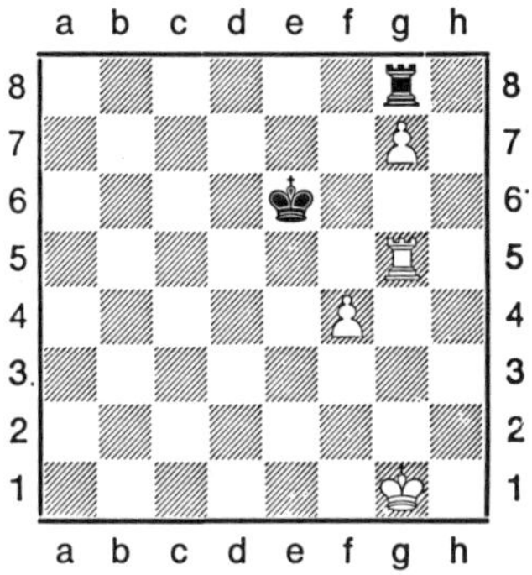

und das Endspiel ist remis!

45. f4 – f5 +? Ke6 – f6 remis.

Nun fallen beide Bauern.

Auch nach 45. Kg1 – f2 Ke6 – f6 46. Kf2 – e3 Tg8 x g7 47. Tg5 x g7 Kf6 x g7 48. Ke3 – e4 Kg7 – f6 bleibt es beim Remis. Sie wollen sich die Folge auch noch zeigen lassen? 49. f4 – f5 Kf6 – f7 50. Ke4 – e5 Kf7 – e7 Schwarz erreicht die Opposition (Gegenüberstellung der Könige) 51. f5 – f6 Ke7 – f7 und deckt den Bauern ab, so daß der weiße König nicht den Einzug herbeiführen kann.
52. Ke5 – f5 Kf7 – f8 (nicht Ke8, da Weiß die Opposition erreicht. 53. Kf5 – e6 Ke8 – f8 54. f6 – f7 Kf8 – g7 55. Ke6 – e7 usw.) 53. Kf5 – e6 Kf8 – e8 (wieder die Opposition) 54. f6 – f7 + Ke8 – f8 55. Ke6 – f6 Patt.
Der schwarze König kann nicht mehr ziehen, ohne

daß ihm Schach geboten wurde. Also unentschieden. Zuerst riesige Enttäuschung – bei mir – dann bei der „Konkurrenz", die Profit von dem Verlust des Spitzenreiters erzielen wollte; doch nach einigem Abstand: Freude über die gute Partieführung und über das nie erwartete Remis.
Die Antwort, auf die oft gestellte Frage eines Anfängers, wie lange man braucht, um gegen gute Spieler bestehen zu können, möge diese Partie geben. 37 Turnierpartien, viel (sehr viel) Training in 11 Monaten Schachpraxis können schon einem Vereinsmeister der Verbandsklasse „weiche" Knie beibringen.

Auch in den folgenden Wochen spielte ich ansprechende Partien. Meinen ersten Turniersieg im Jugendvereinsturnier hatte ich soeben errungen, und so spielte ich auch im Stadtjugendturnier selbstbewußt auf. Nach dem Sieg in der ersten Runde folgte diese Partie, die für mich damals viel Dramatik und Kampf enthielt. Wieder wählte ich mit Schwarz die Caro-Kann-Verteidigung, der wir in Partie Nr. 7 erstmals begegneten.

Partie Nr. 9

1. e2 – e4	c7 – c6
2. d2 – d4	d7 – d5
3. Sb1 – c3	d5 x e4
4. Sc3 x e4	Lc8 – f5

Schnelle Entwicklung des in vielen Varianten eingesperrten Läufers. Diese Züge führte ich schon im Kommentar als Hauptvariante an.

5. Se4 – g3

Hier steht der Springer gut; er greift den Läufer an und ermöglicht dem Bauern c2 den späteren Vormarsch.

5. . . .	Lf5 – g6
6. Sg1 – f3	

oder sofort h2 – h4

6. . . .	Sb8 – d7

Wie schon in der letzten Partie erwähnt, muß Schwarz das Feld e5 kontrollieren

7. Lf1 – c4

Dieser Zug ist weniger üblich. Stärker ist Lf1 – d3 mit späterem c2 – c4.

7. . . .	e7 – e6

oder Dd8 – c7 gegen Lc1 – f4

8. 0 – 0	Sg8 – f6
9. c2 – c3	Lf8 – d6
10. Dd1 – e2	0 – 0
11. Lc4 – d3	

Nicht etwa 11. Lc4 x e6, um nach f7 x e6 12. De2 x e6 + die Figur auf d6 zu gewinnen, weil Schwarz 11. . . . Ld6 x g3 spielt. Im Textzug bietet Weiß nun doch den üblichen Läufertausch an.

11. . . .	Lg6 – h5?

Es mußte Lg6 x d3 geschehen. Jetzt kommt Weiß in Vorteil

12. Sg3 x h5 Sf6 x h5
13. Sf3 – g5!

Es droht 1. der Einschlag auf h7 und 2. auf e6 (f7 x e6, De2 x e6 + mit Figurengewinn auf d6.)

13. . . . Sd7 – f6

(Auf Sh5 – f6 folgt 14. Sg5 x e6 Ld6 x h2 + 15. Kg1 x h2 f7 x e6 16. De2 x e6 +)

14. Ld3 x h7 + Kg8 – h8

oder Sf6 x h7 De2 x h5

15. Lh7 – c2 Sh5 – f4
16. De2 – f3 Sf6 – d5

Jetzt droht Springergewinn

17. Lc1 x f4

Auf Sg5 – h3 geht nicht Sf4 x h3? (Dd8 – h4!) wegen Df3 x h3 + Kh8 – g8 und Dh3 – h7 Matt.

17. . . . Sd5 x f4

(Nicht Ld6 x f4 wegen Matt)

18. Df3 – g4

Wiederum droht Weiß mit Matt. Alle Drohungen sind Folgeerscheinungen von 11. . . . Lg6 – h5?

18. . . . . Dd8 – f6
19. Sg5 – h7?

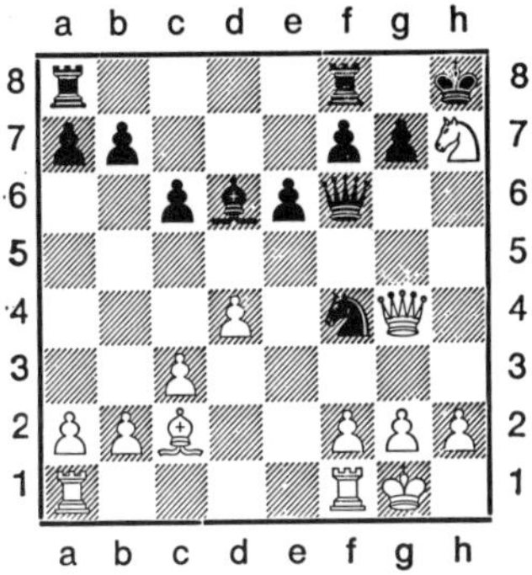

Weiß strebt Qualitätsgewinn an. Dame und Turm sind angegriffen. Und doch passiert meinem Gegner – bereits mit Jahren Turniererfahrung – der erste Fehlgriff.

19. . . . Df6 – h6!

Schwarz hat weiter gerechnet. Ich drohte selbstverständlich Sf4 – e2 + und Dh6 x h2 Matt. So schnell ändern sich die Schauplätze.

20. g2 – g3

Jetzt scheint Weiß wieder Vorteil zu erlangen – Springer und Turm sind angegriffen und die Mattdrohung abgewehrt.

20. . . . f7 – f5!

Jetzt wieder Gefahr auf der weißen Seite: Damenangriff auf g4 und der Sh7 ohne Deckung.

21.Dg4 – f3

Dg4 – g5? Sf4 – h3 + mit Damenverlust

21. . . .	Sf4 – h3 +
22. Kg1 – g2	Dh6 x h7

Die Partie müßte mit einer Mehrfigur für Schwarz gewonnen sein.

23. Df3 – e3

Greift e6 an und nimmt dem Springer das Rückzugsfeld g5

23. . . .	Ta8 – e8
24. f2 – f4	g7 – g5!
25. f4 x g5	Tf8 – g8

Somit kommt der Sh3 wieder ins Spiel.

26. Ta1 – e1	Sh3 x g5
27. Lc2 – b3?	

Weiß findet keine Fortsetzung mehr.

27. . . .	Sg5 – e4

Schwarz behandelt die Partie nach dem Fehler im 11. Zuge sehr gut.

28. Lb3 – c2	Ld6 x g3!

Ich nutze natürlich jetzt die überragende Stellung der Türme aus.

29. h2 x g3	Se4 x g3

Präziser Tg8 x g3 +, weil Weiß dann nicht Tf1 – f3 spielen kann.

30. De3 x g3	Tg8 x g3 +
31. Kg2 x g3	

Schauen wir uns das Spielmaterial an: Weiß hat für Dame und Bauer Turm und Läufer. Wegen des Freibauern dürfte Schwarz Vorteil haben.

31. . . .	Te8 – g8 +
32. Kg3 – f3	

Schwarz muß mit Tf1 – h1 rechnen.

32. . . .	Dh7 – h3 +
33. Kf3 – e2	Tg8 – g2 +
34. Ke2 – d1	Dh3 – g4 +

Wegen seiner schwachen Königsstellung kann Schwarz nicht konsequent auf Gewinn spielen und muß die weiße Königswanderung zulassen.

35. Kd1 – c1	Dg4 – g5 +
36. Kc1 – b1	Dg5 – d2
37. Te1 – c1	f5 – f4

Schwarz mußte seinen König heranholen, z. B. 37. . . . Kh8 – g7 38. Tf1 – g1? scheitert an 38. . . . Dd2 x c2 + 39. Tc1 x c2 Tg2 x g1 + 40. Tc2 – c1 Tg1 x c1 + mit gewonnenem Bauernendspiel.

38. Tf1 – h1 +	Kh8 – g7
39. Th1 – f1	Kg7 – h6
40. a2 – a3	Kh6 – g5
41. Kb1 – a1	Kg5 – h4

Um den Bauern e6 zur Unterstützung nach vorn zu bekommen, mußte c6 – c5 geopfert werden.

42. Ka1 – b1	Kh4 – g3
43. Tf1 – d1	Dd2 – e2

44. Td1 – e1	De2 – g4
45. Te1 – f1	Dg4 – h3?

In der Handhabung des Endspiels zeigt sich die Unerfahrenheit des Schwarzen. f4 – f3 wäre richtig gewesen, da auf Lc2 – d1 Dg4 – f5 + und nach Ld1 – c2 Df5 – f4 gefolgt wäre.

46. Lc2 – e4

Mit diesem Zug hat Weiß sein Remis erkämpft! Es droht Tf1 – f3 + und Le4 x g2 Qualitätsverlust.

46. . . .	Dh3 – h6
47. Le4 x g2	Kg3 x g2
48. Tf1 – g1 +	Kg2 – f3
49. Tc1 – e1	

und ich nahm das Remis-Angebot meines Partners nach 3 3/4 Std. Gesamtspielzeit an. Die weißen Türme nehmen dem König die Bewegungsfreiheit.

Als ich zum erstenmal für meinen Verein am 8. Brett gegen einen Ortsrivalen spielen durfte, erlebte ich wieder ein neues „Schachgefühl“. Jetzt waren nicht nur persönliche Interessen im Spiel, sondern man gab sein Bestes für alle 7 Mitspieler. Jeden Zug führte ich mit größter Aufmerksamkeit aus und spürte sämtliche Augen meiner Mannschaftskameraden auf mein Brett gerichtet. Der Mannschaftsführer machte mir Mut. Ich hatte Weiß und wählte natürlich meine „Standarderöffnung“.

Partie Nr. 10

1. d2 – d4	d7 – d5
2. Sg1 – f3	Sg8 – f6

3. c2 – c4 c7 – c6
4. Sb1 – c3 Lc8 – f5?

Ich hatte Glück. Mein älterer Gegner schien mich entweder nicht für „voll" zu nehmen, oder aber er wußte nicht, daß man das „Läuferproblem" – wir erwähnten es in einer früheren Partie – so nicht lösen kann.
In diesen Stellungen kannte ich mich bereits gut aus, so daß mein nächster Zug umgehend geschah.

5. c4 x d5 c6 x d5
6. Dd1 – b3!

Nun werden die schwarzen Antworten schon rar. Die Dame zeigt auf die Schwäche b7.

6. . . . b7 – b6

Besser noch Dd8 – b6, obwohl Schwarz nach dem Damentausch auf b6 einen Doppelbauern erhält. Der Textzug löst das Problem des nun geschwächten Damenflügels nicht.

7. Lc1 – f4

Schnelle Entwicklung ist Trumpf. Weiß will umgehend die c-Linie besetzen. Die Drohungen: Sc3 – b5 nebst Schach auf c7.

7. . . . Sb8 – c6
8. e2 – e3

Weiß möchte zunächst noch den Lf1 ins Spiel bringen, aber auch Sf3 – e5 wäre gut gegangen.
Sc6 x d4? Db3 – a4 + und der Springer ist verloren.

8. . . . a7 – a6

Auch dieser Zug ist schwach. Die Bauern a6 und b6 geraten in Beschuß.

9. Sf3 – e5 Sc6 x e5

Jetzt hätte Schwarz schon „alles“ versuchen müssen. Sc6 – a5 würde die Dame vertreiben oder zu einer Opferkombination einladen, z. B. 10. Lf1 – b5 + a6 x b5 12. Db3 x b5 Lf5 – d7 13. Se5 x d7 Sf6 x d7 (oder Dd8 x d7 14. Db5 x b6 oder Db5 x d7 + nebst Sc3 – b5) 14. Sc3 x d5 usw.

10. Lf4 x e5 b6 – b5

Es drohte 11. Lf1 x a6 Ta8 x a6 12. Db3 – b5 + nebst Turmgewinn.

11. Le5 x f6 g7 x f6

Richtiger ist e7 x f6, um den Läufer für die Diagonale f8 – b4 freizubekommen. Das Öffnen der g-Linie für den Turm kommt zu spät.

12. Db3 x d5 Dd8 x d5
13. Sc3 x d5

Ich hatte mir lange überlegt, ob ich den Bauern auf d5 nehmen kann, da Schwarz Ta8 – c8 spielen kann, um nach c2 einzudringen.
Aber ich fand nach

13. . . . Ta8 – c8

den einzig richtigen Zug, der die Partie bereits entschied.

14. Sd5 – b4

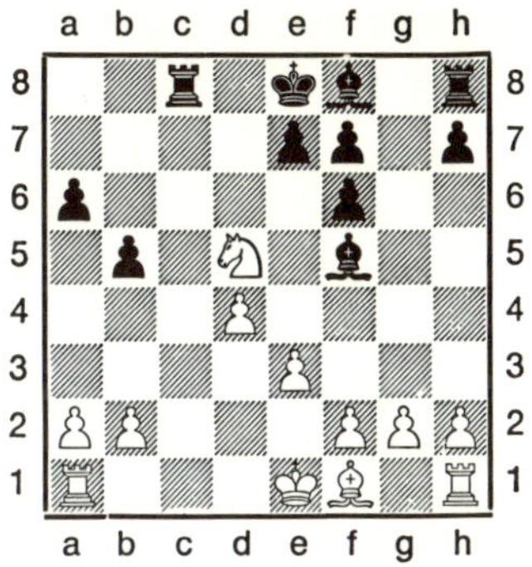

Das Feld c2 ist dem schwarzen Turm genommen, und der Bauer auf a6 ist nicht mehr zu halten, wie sich zeigen wird.

14. . . . Tc8 – a8

Auf a6 – a5 ginge ja Lf1 x b5 +

15. Sb4 x a6!

Gut gesehen, daß Ta8 x a6 wegen Lf1 x b5 + nicht geht. Nun droht schon wieder die Springergabel auf c7. Schwarz muß zudem den b5 decken.

15. . . . Ke8 – d8

Nun muß sich der König schon selber bequemen, bevor der Königsflügel (Turm und Läufer) entwickelt ist.

16. Lf1 x b5

Schwarz hat keine Chancen mehr. Drei Bauern sind bereits nach 16 Zügen verloren. Mein Brett wurde natürlich umlagert, und die Mannschaft verbuchte im Stillen schon einen ganzen Punkt.

16. . . . Lf5 – c8

Der Läufer hat (in seiner Abwesenheit auf f5) wahrlich ein Chaos angerichtet.

16. Sa6 – c5	Ta8 – b8
17. a2 – a4	Tb8 – b6
18. 0 – 0	e7 – e5
19. Tf1 – d1	

Und Schwarz streckt die Waffen!
Glückwünsche und anerkennendes Schulterklopfen stacheln meinen Ehrgeiz weiter an.
Wir wollen im Anschluß aber auch zeigen, wie Schwarz statt 4. . . . Lc8 – f5 richtig spielen muß.

4. . . . d5 x c4

Das ist die richtige Vorbereitung, um den Läufer zu entwickeln. Weiß braucht nämlich seinerseits Zeit, den c-Bauern zurückzugewinnen.

5. a2 – a4

Hierdurch unterbindet man den Zug b7 – b5, der den c-Bauern zunächst behaupten würde,

5. . . . Lc8 – f5

Jetzt ist der Zug gut, da die weiße Dame nicht über b3 ins Spiel kommen kann.

6. e2 – e3

Weiß will den Bauern c4 schnell zurückerobern und seine Figuren entwickeln.

6. . . .	e7 – e6
7. Lf1 x c4	Lf8 – b4

Indirekt kontrolliert Schwarz noch einmal das Feld e4

8. 0 – 0

Das Diagramm zeigt jetzt eine bekannte Stellung in der Holländischen Variante innerhalb der Slawischen Verteidigung. Wir folgen jetzt einer Hauptvariante, die für Schwarz gut spielbar ist.

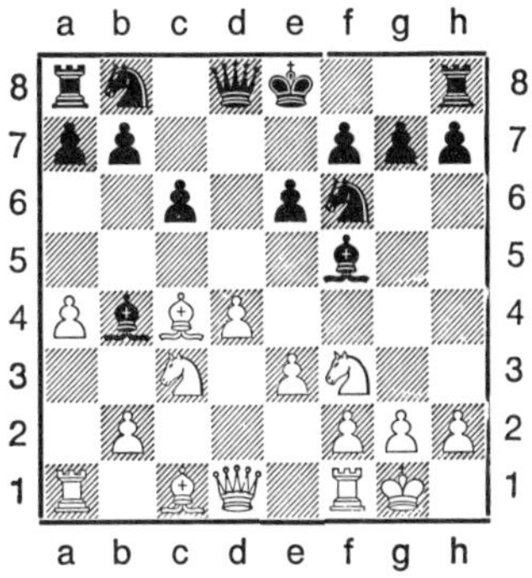

8. . . .	0 – 0
9. Dd1 – e2	Sb8 – d7

Um e3 – e4 vorerst zu verhindern, sind auch die Züge Lf5 – g4 oder Sf6 – e4 gut.

10. e3 – e4	Lf5 – g6
11. Lc4 – d3	Lg6 – h5
12. e4 – e5	Sf6 – d5
13. Sc3 – e4	Lb4 – e7

Zu dieser Zugfolge müßte ich Ihnen eigentlich einen ganzen Katalog Anmerkungen anbieten, aber wir würden für den Anfang nur verwirrt werden.
Wenn Sie, lieber Schachfreund, auch nach dem Studium dieses Buches „weitermachen" wollen, werden

Sie in meinen Folgebänden viele ausführlich kommentierte und tiefer untersuchte Partien vorfinden.

14. Lc1 – d2	c6 – c5
15. Se4 x c5	Sd7 x c5
16. d4 x c5	Le7 x c5
17. Tf1 – c1	Lc5 – e7
18. Tc1 – c4	Lh5 – g6
19. Ld3 x g6	h7 x g6
20. Ta1 – c1	Dd8 – d7
21. Ld2 – g5	Tf8 – c8

Und die Chancen sind verteilt (Taimanow)

Im Vorturnier zur Senioren-Stadtmeisterschaft mußte ich eine lehrreiche Niederlage hinnehmen. Da ich in dieser Variante offensichtlich Eröffnungslücken hatte, sehen die Züge arg improvisiert aus.

Partie Nr. 11

1. d2 – d4	d7 – d5
2. e2 – e4	

Diese Überraschung war mir weniger recht. Weiß spielt ein Gambit, das in den Schachbüchern einen großen Raum einnimmt

2. . . .	d5 x e4

Natürlich konnte Schwarz e7 – e6 spielen und in die Französische Verteidigung oder mit 2. . . . c7 – c6 in die Caro-Kann-Verteidigung einlenken.

3. Sb1 – c3

Vielleicht stoßen Sie schon bald auf den Namen dieser Eröffnung: Blackmar-Diemer-Gambit. Der Herr Diemer hat sein Leben lang mit Leidenschaft an dieser Eröffnung herumgebastelt und wollte sie zur wichtigsten des Schachspiels überhaupt machen. Aber die Möglichkeiten des Schachspiels sind so vielfältig, daß es weniger für „Dogmatiker" erfunden worden ist.

3. . . . e7 – e5

Üblich ist 3. . . . Sg8 – f6 4. f2 – f3 e4 x f3 5. Sg1 x f3 (oder Dd1 x f3). Weiß überläßt Schwarz den Plusbauern für eine schnelle und gefährliche Entwicklung.

4. d4 x e5 Dd8 x d1 +
5. Ke1 x d1

Das Verhindern der Rochade ist nicht in allen Abspielen von entscheidendem Vorteil, worauf ich mich damals verließ.

5. . . . Lf8 – c5

Besser dürfte Sb8 – c6 sein.

6. Sc3 x e4

Schwarz hatte sicherlich übersehen, daß der Bauer f2 durch dieses Schlagen gedeckt ist.

6. . . . Sb8 – d7
7. Se4 x c5 Sd7 x c5
8. Lc1 – e3 Sc5 – a4

Alle schwarzen Züge sind sehr gekünstelt und haben keine Harmonie

9. Lf1 – b5 + Lc8 – d7

10. Lb5 x a4	Ld7 x a4
11. b2 – b3	0 – 0 – 0 +

Hier kann Schwarz die große Rochade mit Tempo machen.

12. Kd1 – e2	La4 – c6
13. Sg1 – f3	

Natürlich geht nicht Le3 x a7, weil der Läufer mit b7 – b6 eingeschlossen würde.

13. . . .	Lc6 x f3
14. g2 x f3	

Weiß macht sich die g-Linie für den Turm frei.

14. . . .	Sg8 – e7
15. h2 – h4	

Weiß versucht, den schwarzen Königsflügel aufzureißen und weiter zu schwächen.

15. . . .	h7 – h6
16. Ta1 – d1	Se7 – d5
17. Td1 – d4	Sd5 – c3 +

Schwarz hat für den verlorenen Bauern immer noch keinen Ersatz.

18. Ke2 – d3	Td8 x d4 +
19. Le3 x d4	Sc3 – b5

Sc3 x a2 scheitert an c2 – c3 mit Verlust.

20. Ld4 – b2	c7 – c6
21. Th1 – g1	Th8 – d8 +
22. Kd3 – e3	g7 – g6

Der weiße Vorteil liegt allein auf dieser Seite (4 – 3 Bauern)

23. c2 – c4	Sb5 – c7
24. Lb2 – d4	Kc8 – b8
25. Ld4 – c5	

Der Läufer riegelt jetzt die Mitte entscheidend ab, so daß Schwarz kein Gegenspiel mehr erhält.

25. . . .	Sc7 – e6
26. Lc5 – d6 +	Kb8 – a8

Der König muß natürlich nach c8

27. c4 – c5	b7 – b6
28. b3 – b4	Ka8 – b7
29. Tg1 – b1	Se6 – g7
30. Ke3 – e4	Sg7 – f5
31. h4 – h5	Td8 – e8
32. h5 x g6	f7 x g6

Nun hat Weiß einen Freibauern und genügend Angriffslinien für seinen Turm

33. Tb1 – g1	Te8 – e6
34. f3 – f4	b6 – b5

Schwarz glaubt schon daran, die Stellung am Königsflügel „blockiert“ zu haben und macht deshalb auch den Damenflügel zu.

35. a2 – a3	a7 – a6
36. f2 – f3	h6 – h5
37. Tg1 x g6!	

Mit diesem weitberechneten Turmopfer stellt Weiß den Sieg klar.

37. . . .	Sf5 x d6 +
38. c5 x d6	Te6 x g6

Jetzt erleben wir starke Freibauern gegen einen Turm im Endspiel.

39. d6 – d7

Besser ist f4 – f5

39. . . .	Kb7 – c7
40. Ke4 – f5	Tg6 – g8
41. e5 – e6	Kc7 – d8?

Hier verschenkt Schwarz mit h5 – h4 den Sieg!

42. Kf5 – e5	Kd8 – e7
43. f4 – f5	Tg8 – f8
44. f5 – f6 +	Tf8 x f6
45. d7 – d8 D+	Ke7 x d8
46. Ke5 x f6	Kd8 – e8
47. Kf6 – g5	Ke8 – e7
48. Kg5 x h5	Ke7 x e6
49. Kh5 – g6	Ke6 – e5
50. Kg6 – g5	Ke5 – e6
51. f3 – f4	Ke6 – e7
52. Kg5 – g6	

und nach über 4 Stunden Spielzeit habe ich aufgegeben. Durch Unachtsamkeit von beiden Seiten im Endspiel hätte das Resultat auch umgekehrt lauten können.

Ein Jugend-Städte-Vergleichskampf ist mir in besonderer Erinnerung geblieben. Für eine Woche hieß das Ziel Holland. Wir waren privat untergebracht, und unsere Gastgeber taten alles, um uns den Aufenthalt angenehm zu machen. Trotzdem wurde am Schachbrett das Kriegsbeil ausgegraben, und mein Partner lief mir in eine bekannte und vorbereitete Falle.

Partie Nr. 12

1. d2 – d4	d7 – d5
2. Sg1 – f3	Sg8 – f6
3. e2 – e3	c7 – c5
4. c2 – c3	e7 – e6

Dieser recht harmlos aussehende weiße Aufbau ist als Collesystem bekannt.

5. Lf1 – d3	Lf8 – d6

Hier steht der Läufer schlecht, da Weiß bald e3 – e4 durchsetzen wird und dann die Gabel e5 droht.

6. Sb1 – d2	Sb8 – d7
7. 0 – 0	0 – 0
8. Tf1 – e1	Tf8 – e8

Schwarz erkennt die Gefahr nicht, er mußte entweder e6 – e5 oder c5 x d4 spielen.

9. e3 – e4

Dies ist der angestrebte Aufbau von Weiß. c5 x d4 verbietet sich jetzt wegen der Bauerngabel auf e5. Wir sehen, daß der Ld6 besser auf e7 stände.

9. . . .	d5 x e4
10. Sd2 x e4	Sf6 x e4
11. Ld3 x e4	c5 x d4?

Richtig war Sd7 – f6, um h7 zu decken

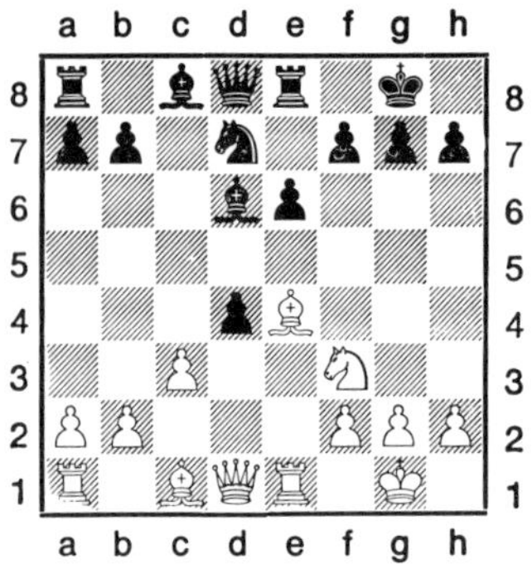

Diese Stellung habe ich später noch mehrmals auf dem Brett gehabt. Der schwarze König hat nur seine Bauern zum Schutz, während seine Figuren abseits stehen. Von den weißen Figuren sind das Läuferpaar, der Springer und die Dame zum Angriff bereit. Es kann losgehen.

12. Le4 x h7 + Kg8 x h7

Schwarz läßt sich alles zeigen.

13. Sf3 – g5 +

Hätte Schwarz seinen Läufer auf e7 stehen, wäre dieser Springerausfall nicht möglich.

13. . . . Kh7 – g6

Auf 13. . . . Kh7 – g8 folgt 14. Dd1 – h5 Sd7 – f8 15. Te1 – e4 mit undeckbarem Matt.

14. h2 – h4

Nun droht h4 – h5 +. Schwarz hat nur noch

14. . . . Te8 – h8

Das folgende Turmopfer hätte ich nicht so einfach gefunden, wenn ich es nicht gekannt hätte. Genau diese Partie spielte Colle schon 1930, und ich hatte sie immer wieder studiert.

15. Te1 x e6 +!	f7 x e6
16. Dd1 – d3 +	

und mein Gegner gab auf.

Auch nach 15. . . . Sd7 – f6 verliert 16. h4 – h5 + (Th8 x h5, Dd1 – d3 +, Kg6 – h6 und Dd3 – h7 Matt)

Ein anderer Eröffnungsfehler begegnet uns in der nächsten Partie, den gegen mich schon mehrere Gegner machten.

Partie Nr. 13

1. e2 – e4	e7 – e5

In der Eröffnung spielte ich immer e5 auf die Königsbauer-Eröffnung.

2. Sg1 – f3	Sb8 – c6
3. Lf1 – b5	

Wir haben wieder die Spanische Eröffnung vor uns.

3. . . .	a7 – a6
4. Lb5 – a4	

In den letzten Jahren hat man wieder viel Gefallen an Lb5 x c6 gefunden. Als Schwarzer sollte man sich jedenfalls auf den Abtausch vorbereiten. Schwarz behält zwar das Läuferpaar übrig, hat aber eine labile Bauernstellung.

4. . . . Sg8 – f6
5. Sb1 – c3

Wird heute seltener gespielt, obwohl der Aufbau fest und solide ist.
Üblicher ist 5. 0 – 0 Lf8 – e7 6. Tf1 – e1 b7 – b5 7. La4 – b3 0 – 0 8. c2 – c3 d7 – d6 9. h2 – h3

5. . . . b7 – b5
6. La4 – b3 Lf8 – e7
7. 0 – 0 0 – 0
8. Tf1 – e1 d7 – d6
9. d2 – d4?

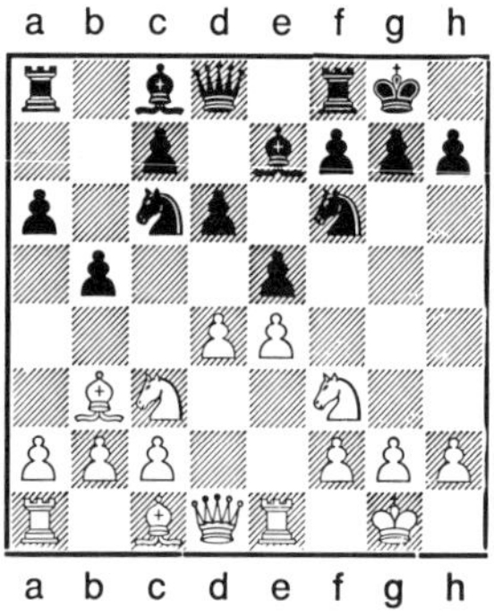

Hier geht der Vorstoß nicht. Weiß sollte seine Entwicklung mit h3 und d3 vollenden.

9. . . . Sc6 x d4
10. Sf3 x d4 e5 x d4
11. Dd1 x d4? c7 – c5

Zu spät erkennt Weiß das drohende Unheil

12. Dd4 – d3 c5 – c4

Und der weiße Läufer ist gefangen. Weiß bekommt zwei Bauern für die Figur, verliert die Partie aber glatt.

Partie Nr. 14

Die entscheidende Begegnung während der Jugendstadtmeisterschaft war die nachfolgende Partie. Mein Gegner mit schwarzen Steinen spielte schon damals in der Bundesklasse und wollte das Turnier so en passant gewinnen. Wenn man in jungen Jahren seine ganze Überlegenheit am Schachbrett für die Zuschauer demonstrieren will, so läuft man Gefahr, durch Überheblichkeit Fehler zu begehen, die einem sonst nicht unterlaufen würden. Ich hatte bereits 4 – 0 Punkte gesammelt und das veranlaßte meinen Widersacher, mich „zerfetzen" zu wollen.

1. d2 – d4	Sg8 – f6
2. c2 – c4	g7 – g6
3. Sb1 – c3	Lf8 – g7

Hier begegnet uns die Königsindische Verteidigung. Der Zug 3. . . . Lf8 – g7 erlaubt dem Weißen, sich des Zentrums mit e2 – e4 zu bemächtigen, was der modernen Auffassung, die Bauernformation im Zentrum als Angriffsziel zu wählen, entspricht. Die Chancen liegen für Weiß auf dem Damenflügel und für Schwarz auf dem Königsflügel. Der Läufer g7 bildet die Schwerkraft der Verteidigung.

4. Sg1 – f3	d7 – d6
5. e2 – e4	0 – 0
6. Lf1 – e2	Sb8 – d7

Üblich ist in diesem sogenannten „Klassischen System" sofort e7 – e5. Schwarz braucht nicht das Abspiel 7. d4 x e5 d6 x e5 8. Dd1 x d8 Tf8 x d8 9. Sf3 x e5? (richtig Lc1 – g5) zu fürchten, wegen Sf6 x e4 10. Sc3 x e4 Lg7 x e5 11. 0 – 0 Sb8 – c6 mit schwarzem Vorteil

7. Lc1 – g5

Besser ist 0 – 0; der Läufer gehört nach e3.

7. . . . h7 – h6

Der Läufer wird sofort angegriffen, da der Tausch auf f6 für Schwarz vorteilhaft ist.

8. Lg5 – e3 Sf6 – g4

Der schwarze Springer nimmt sofort die „Verfolgung" auf.

9. Le3 – d2

Weiß zeigt hier erhebliche Eröffnungslücken, die Schwarz zum schnellen Gegenspiel ausnutzt.

9. . . . e7 – e5
10. Sf3 x e5?

Ich muß gestehen, daß ich mächtig aus dem Konzept geraten war. Bei noch nicht getätigter Rochade ein leichtsinniges Abenteuer.

10. . . . Sg4 x f2!

Schwarz beginnt mit der Sezierung. Hier glaubten die Kiebitze an ein schnelles Ende.

11. Ke1 x f2 d6 x e5
12. d4 – d5

Das Material ist zwar ausgeglichen, aber die schwache weiße Königsstellung sollte eigentlich den Ausschlag geben.

12. . . . Dd8 – f6 +

Hier wäre Schwarz mit f7 – f5 besser beraten gewesen, da der Tf8 ins Spiel einbezogen wäre.

13. Le2 – f3 Df6 – b6 +
14. Kf2 – e1 Db6 x b2??

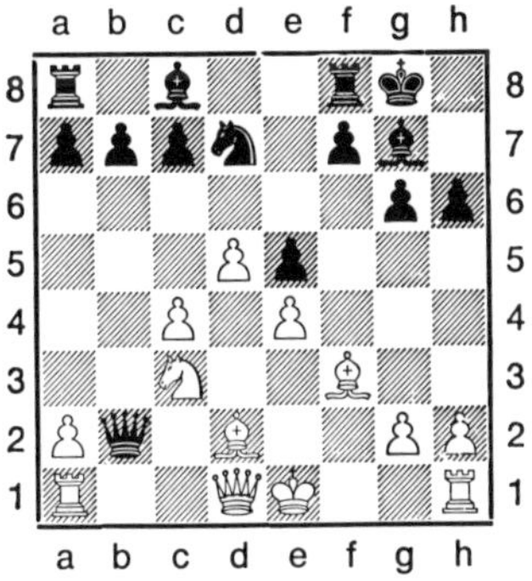

Jetzt wird mein Gegner überheblich und unterschätzt mich vollends. „Nach Tarrasch ist dies falsch, aber ich kann mir den Zug erlauben." (Tarrasch war früher der „Schachdogmatiker", von dem mancher Ausspruch bekannt ist.) Mit diesem Satz (obwohl Spieler sonst nicht zu sprechen gedenken) erwartete er mit Kennermiene meinen Antwortzug. Eine solche Haltung war für mich ein Stimulans.

15. Sc3 – b5!

Die entscheidende Antwort!

15. . . . a7 – a6
16. Ld2 – c3 Db2 x a1

Die Dame konnte sich nicht mehr retten.

17. Dd1 x a1

Richtig war Lc3 x a1, da das Feld d3 kontrolliert werden muß

17. . . .	a6 x b5
18. c4 x b5	

Stärker scheint mir Lc3 – b4 mit nachfolgendem c4 – c5 zu sein.

18. . . .	Sd7 – c5
19. Da1 – b1	Ta8 – a4
20. Th1 – f1	

Lc3 – b4 scheitert an: Ta4 x b4 Db1 x b4 und Sc5 – d3 + mit Damengewinn.

20. . . .	f7 – f5
21. e4 x f5	Lc8 x f5

Schwarz hat für die verlorene Dame ein mächtiges Gegenspiel erhalten.

22. Db1 – d1	Sc5 – d3 +

Mein junger Partner frohlockte schon wieder in vollen Tönen und pries seine geniale Spielstärke

23. Ke1 – e2	Ta4 x a2 +
24. Ke2 – e3	h6 – h5

Jetzt wird auch noch der Läufer g7 über h6 ein Wörtchen mitreden. Deshalb zog ich mit „verzweifelter“ Miene

25. Lf3 – e4

und hatte wieder Glück, daß mein Gegner zu voreilig war. Es dauerte ihm einfach zu lange.

25. . . .	Lg7 – h6 +?
26. Ke3 x d3	

Er fiel aus allen Wolken und beging gleich im nächsten Zug „Selbstmord" –

26. . . .	Ta2 x g2?
27. Tf1 x f5!	

und mußte auf seine Ruhmestaten vorerst noch ein bißchen warten. Die nächsten Partien dieses Turniers waren leichter, so daß ich praktisch mit diesem Zug die Stadtmeisterschaft gewonnen hatte.

In der letzten Partie dieses Buches besiegte ich einen älteren Mannschaftskameraden, indem ich einen kleinen Eröffnungsfehler (8. . . . b6) ausnutzte, der erst nach über 50 Zügen zum Gewinn führt. Das Turmendspiel erfordert viel Geduld und Geschicklichkeit. (Vgl. auch Partie Nr. 10.)

Partie Nr. 15

Angenommenes Damengambit

1. d2 – d4	d7 – d5
2. Sg1 – f3	Sg8 – f6
3. c2 – c4	e7 – e6
4. Sb1 – c3	Lf8 – e7
5. e2 – e3	0 – 0
6. Lf1 – d3	d5 x c4

Besser ist hier die Entwicklung voranzutreiben mit c7 – c6 oder 0 – 0.

7. Ld3 x c4	c7 – c6
8. 0 – 0	b7 – b6

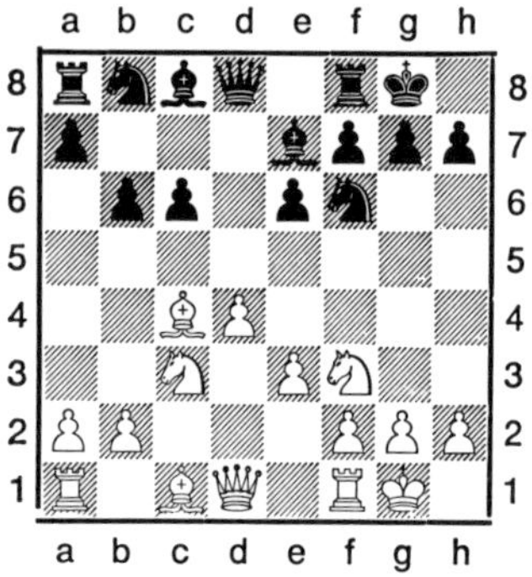

Wieder einmal versucht Schwarz seinen Läufer c8 ohne genügende Vorbereitung entwickeln zu wollen. Entscheidend ist in der Folge der „hängende" Bauer c6.
Weiß versteht es, mit jedem Zug seine Stellung auszubauen und die Schwäche c6 zu erhalten.

9. Sf3 – e5

Richtet sich indirekt gegen Lc8 – a6

9. . . . Dd8 – c7

Kein gutes Feld für die Dame, da Weiß die c - Linie bereits geöffnet hat und sie mit dem Turm besetzen wird.

10. Dd1 – e2

Wieder gegen Lc8 – a6 gerichtet.

10. . . . a7 – a5

Zunächst sind einmal die Bauern b6 und c6 rückständig.

11. Lc1 – d2 Lc8 – a6

Offensichtlich verspricht sich Schwarz, durch Läuferaustausch Ausgleich zu erhalten. Weiß hat aber seine Figuren schon in Stellung gebracht.

12. Lc4 x a6 Sb8 x a6
13. Ta1 – c1 Dc7 – b7
14. De2 – f3

Schwarz kann sich immer noch nicht mit c6 – c5 befreien.

14. . . . Ta8 – c8
15. Sc3 – e4

Es droht 16. Se4 x f6 Le7 x f6 17. Se5 x c6

15. . . . Sf6 x e4
16. Df3 x e4 Sa6 – b8
17. Tc1 – c2

Weiß kann seine Stellung weiter verstärken, während Schwarz um seinen Bauern c6 kämpft.

17. . . . Le7 – d6
18. Se5 – c4 Db7 – c7
19. Sc4 x d6 Dc7 x d6

Der weiße Vorteil bleibt erhalten.

20. Tf1 – c1 Dd6 – d5

Der letzte Fehler!
Schwarz ist der Meinung, durch weiteren Figurentausch die Partie ausgleichen zu können.

21. De4 x d5 e6 x d5

Wir sehen, daß die Schwäche c6 bleibt. Trotzdem ist der Gewinn nicht einfach. Weiß findet den einzig richtigen Zug.

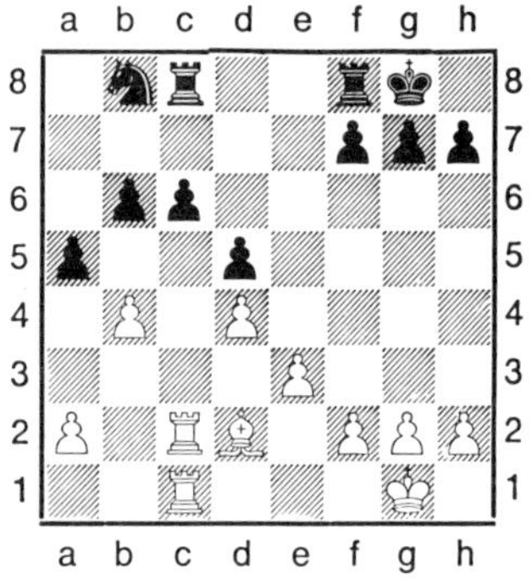

22. b2 – b4

Weiß muß seinen Läufer ins Spiel bringen, bevor Schwarz jeden Durchbruch unmöglich macht.

22. . . . a5 x b4

Falls a5 – a4 so folgt b4 – b5

23. Ld2 x b4 Tf8 – d8

Schwarz kann nicht Tf8 – e8 spielen, da Weiß nach Lb4 – d6 die Verteidigungsfigur auf b8 schlagen würde.

24. Lb4 – e7

Der Läufer kann nur durch den abermaligen Turmangriff den Flügel wechseln.

24. . . . Td8 – d7
25. Le7 – h4 f7 – f6

Öffnung des Königsflügels.

26. Lh4 – g3 Td7 – a7

Da der Bauer c6 nicht mehr genügend gedeckt werden kann, versucht sich Schwarz am Bauern a2 schadlos zu halten.

27. Lg3 x b8 Tc8 x b8

Weiß kann im Turmendspiel seinen Stellungsvorteil am besten halten.

28. g2 – g3

Zunächst muß sich auch Weiß ein „Luftloch" schaffen.

28. . . . b6 – b5
29. Tc2 x c6

Nach 21 (!) Zügen (8. . . . b6?) fällt der ständig unter Beschuß gestandene Bauer c6.

29. . . . Ta7 x a2
30. Tc6 – c8 +

Durch den Turmtausch wird die Verteidigungsfähigkeit von Schwarz weiter geschwächt, da Tc8 das Vorgehen von Bauer b5 unterstützen würde.

30. . . . Tb8 x c8
31. Tc1 x c8 + Kg8 – f7
32. Tc8 – c5

Dieser Zug sichert endlich ein Endspiel mit einem Plusbauern.

32. . . . b5 – b4
33. Tc5 x d5 b4 – b3
34. Td5 – b5 b3 – b2
35. Kg1 – g2

Erst muß der König in Sicherheit gebracht werden, da Ta2 – a1 + mit Bauerneinzug drohte.

35. . . .	Kf7 – e6
36. e3 – e4	Ke6 – d6
37. Kg2 – f3	Kd6 – c6
38. Tb5 – b8	

Nicht etwa Tb5 – b3 wegen Ta2 – a3 und folgendem b2 – b1 D.

38. . . .	Kc6 – c7
39. Tb8 – b4	Kc7 – c6
40. h2 – h4	h7 – h5
41. Kf3 – e3	g7 – g6
42. Ke3 – d3	b2 – b1 D +

Bessere Verteidigungsmöglichkeiten bot 42. . . . Ta2 – a3 +, da Kd3 – c4 an Ta3 – a4 scheitert.

43. Tb4 x b1	Ta2 x f2
44. Kd3 – e3	Tf2 – g2
45. d4 – d5 +	Kc6 – d6
46. Tb1 – b6 +	

Zunächst treibt Weiß den schwarzen König zurück.

46. . . .	Kd6 – e7
47. Ke3 – f3	Tg2 – g1
48. Tb6 – b7 +	Ke7 – f8

Erzwungen, da Tg7 droht.

49. Kf3 – f2	Tg1 – d1
50. Kf2 – e2	Td1 – d4

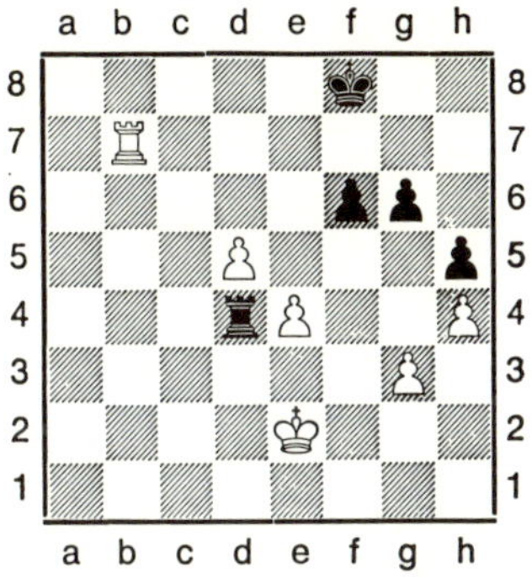

Der Gewinnweg von Weiß ist deshalb schwer zu finden, weil die Bauern g3 und e4 rückständig sind und der Bauer d5 nur mit Turmunterstützung weitergezogen werden kann.

51. Ke2 – e3	Td4 – d1
52. Tb7 – b4	

Der einzige Zug! Dem schwarzen Turm müssen die Felder d4 durch den Turm und d1 durch Ke2 genommen werden. Dabei muß der schwarze König auf Distanz gehalten werden, so daß der Vorstoß d5 – d6 erfolgen kann. Im entscheidenden Moment kann der Bauer g3 aufgegeben werden.

52. . . .	Kf8 – e7
53. Ke3 – e2	Td1 – a1
54. Tb4 – b7 +	Ke7 – f8
55. d5 – d6	

Und jetzt sind alle Voraussetzungen gegeben, den Vorstoß zu starten.

55. . . .	Ta1 – a2 +

Die beste Verteidigung besteht in Ta1 – a8

56. Tb7 – h7 Kf8 – g8 57. Th7 – d7 Kg8 – f8
58. Ke2 – e3 Ta8 – c8 59. Ke3 – d4 Tc8 – e8
60. Td7 – c7 Te8 – d8 61. Kd4 – d5 usw.

56. Ke2 – e3 Ta2 – a3 +
57. Ke3 – d4 Ta3 x g3
58. Tb7 – b8 +

und der schwarze König kommt nicht mehr heran. 58. . . . Kf8 – f7 59. d6 – d7 mit Einzug. Es lohnt sich, ein solches Endspiel öfter mal nachzuspielen. Im Turmendspiel gibt es oft nur einen einzigen Gewinnzug und den manchmal auch nur ein einziges Mal.

Endspiele

Wir haben in den vorgeführten Partien schon einige Endspiele kennengelernt. Es ist ärgerlich, wenn man bereits einen Mehrbesitz an Figuren erworben hat und besitzt nicht die Fähigkeit, mit dem letzten Zug den Sieg sicherzustellen. Neulich erst sah ich in einem Wettkampf zweier starker Spieler ein ganz einfaches Bauernendspiel, in dem der Weiße, der die Partie bis dahin glänzend geführt hatte, mit zwei gegen einen Bauern (zwar in Zeitnot) nicht gewinnen konnte.

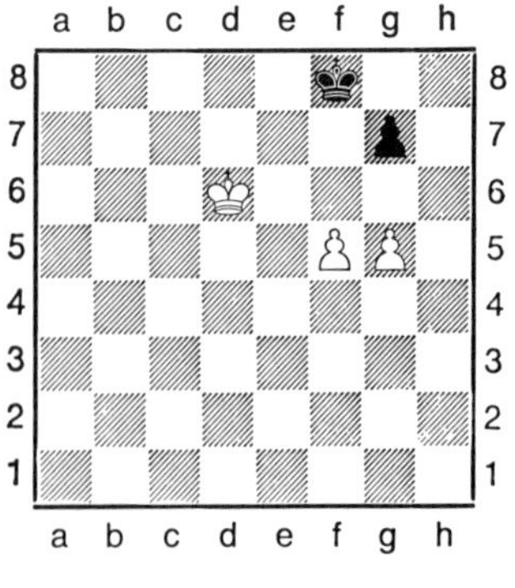

Weiß am Zuge

Der Gewinnweg sieht so aus:

1. Kd6 – e6	Kf8 – e8
2. f5 – f6	g7 x f6
3. Ke6 x f6	Ke8 – f8
4. g5 – g6	Kf8 – g8
5. g6 – g7	Kg8 – h7
6. Kf6 – f7	Kh7 – h6
7. g7 – g8 D	Kh6 – h5
8. Dg8 – g3	Kh5 – h6
9. Dg3 – g6 ‡	

Spielt Schwarz im Zuge

2. . . .	Ke8 – f8

so darf Weiß nicht 3. g5 – g6? spielen. 3. . . . Kf8 – g8 und Schwarz hält Remis. 4. f6 – f7 + Kg8 – f8 und Pattstellung. Aber

3. f6 – f7	g7 – g6
4. Ke6 – d6 (Ke6 – f6 Patt)	Kf8 x f7
5. Kd6 – d7	Kf7 – f8
6. Kd7 – e6	Kf8 – g7
7. Ke6 – e7	Kg7 – g8
8. Ke7 – f6	Kg8 – h7
9. Kf6 – f7	Kh7 – h8
10. Kf7 x g6	Kh8 – g8

Der schwarze König bekommt zwar die Opposition, steht aber der gegnerische König auf der drittletzten Reihe **vor** seinem Bauern, gewinnt er.

11. Kg6 – f6	Kg8 – f8
12. g5 – g6	Kf8 – g8
13. g6 – g7	Kg8 – h7

usw.

Aber auch folgende Zugfolge gewinnt:

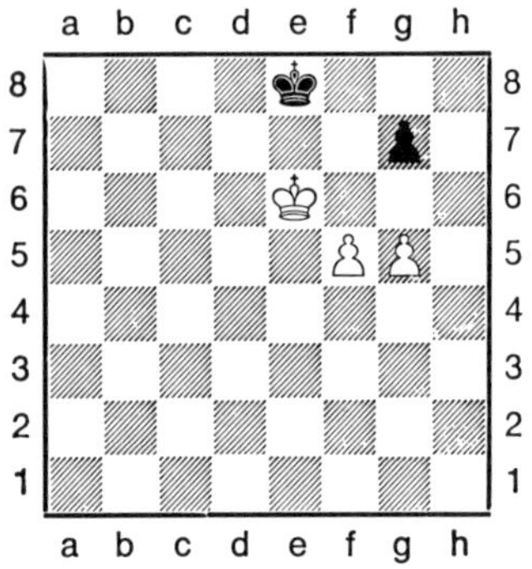

2. g5 – g6!	Ke8 – f8
3. Ke6 – d7	Kf8 – g8
4. Kd7 – e7	Kg8 – h8
5. f5 – f6!	g7 x f6
(Ke7 – f7? Patt)	
(oder . . .	Kh8 – g8
6. f6 – f7 +	Kg8 – h8
7. f7 – f8 D #	
6. Ke7 – f7	f6 – f5
7. g6 – g7 +	Kh8 – h7
8. g7 – g8 D	
	nebst Matt.

Die Mattführung mit dem Läuferpaar gegen den König bedarf ebenfalls einer genauen Zugfolge, obwohl dies in der Praxis weniger vorkommt.

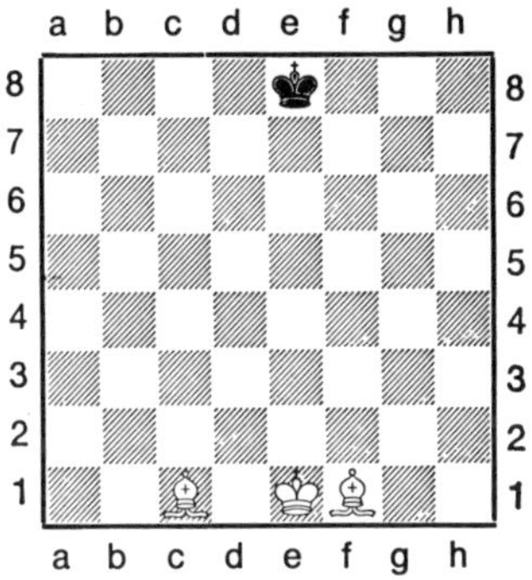

1. Lf1 – h3	Ke8 – d8
2. Lc1 – f4	Kd8 – e7
3. Ke1 – f2	Ke7 – f6
4. Kf2 – f3	Kf6 – e7
5. Lh3 – f5	Ke7 – f6
6. Kf3 – g4	Kf6 – e7
7. Kg4 – g5	Ke7 – d8
8. Kg5 – f6	Kd8 – e8
9. Lf4 – c7	Ke8 – f8
10. Lf5 – d7	Kf8 – g8
11. Kf6 – g6	Kg8 – f8
12. Lc7 – d6 +	Kf8 – g8
13. Ld7 – e6 +	Kg8 – h8
14. Ld6 – e5 #	

Der König muß in die Ecke getrieben werden. Man muß immer darauf achten, den König nicht patt zu setzen.

Auch das Matt Läufer und Springer gegen den König kann stets erzwungen werden. (Nicht aber 2 Springer gegen den König). Doch ist dieses Endspiel bedeutend schwieriger. Zunächst muß der feindliche König an den Rand gebracht werden. Der eigene König wird herangebracht. und der Springer schneidet die Felder mit der Fehlfarbe des Läufers ab. Sodann muß der gegnerische König vom Rand auf ein Eckfeld von der Farbe des Läufers gedrängt werden.

Setzen wir auch wieder die Figuren auf ihre Ausgangsfelder.

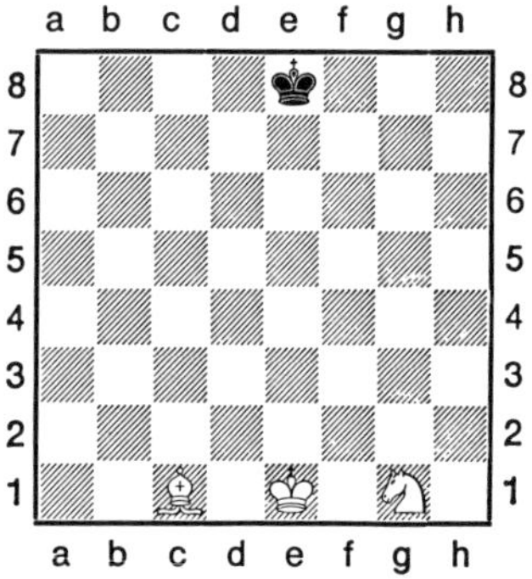

1. Ke1 – e2	Ke8 – e7
2. Ke2 – e3	Ke7 – e6
3. Ke3 – e4	Ke6 – d6
4. Sg1 – f3	Kd6 – c5
5. Sf3 – e5	Kc5 – d6
6. Lc1 – a3 +	

Dem König werden immer mehr Felder genommen.

6. . . .	Kd6 – e6
7. Se5 – g4	

Jetzt beherrschen die weißen Figuren die Felder d5, e5, f5, d6 und f6.

7. . . .	Ke6 – d7
8. Ke4 – d5	Kd7 – c7
9. Sg4 – e5	Kc7 – b6
10. La3 – c5 +	Kb6 – c7
11. Se5 – f7	Kc7 – b7

12. Sf7 – d6 +	Kb7 – c7
13. Lc5 – b4	Kc7 – b6
14. Lb4 – c3	Kb6 – c7
15. Lc3 – f6	Kc7 – b6
16. Lf6 – d8 +	

Jetzt bekommen wir den König an den Rand.

16. . . .	Kb6 – a6
17. Kd5 – c6	Ka6 – a7
18. Sd6 – c4	Ka7 – a8
19. Sc4 – b6 +	Ka8 – a7

Wir können nur gewinnen, wenn wir den König auf ein schwarzes Eckfeld (die Läuferfarbe) bekommen.

20. Ld8 – c7	Ka7 – a6
21. Lc7 – b8	Ka6 – a5
22. Sb6 – d5	Ka5 – a4
23. Kc6 – c5	Ka4 – b3

Vorübergehend gestatten wir das Verlassen des Randes.

24. Sd5 – b4	Kb3 – b2
25. Lb8 – f4	Kb2 – c3
26. Lf4 – g5	Kc3 – b3
27. Lg5 – f6	Kb3 – a3
28. Kc5 – c4	Ka3 – a4
29. Lf6 – d8	Ka4 – a3
30. Sb4 – d3	Ka3 – a4
31. Sd3 – b2 +	Ka4 – a3
32. Kc4 – c3	Ka3 – a2
33. Kc3 – c2	Ka2 – a3
34. Ld8 – e7 +	Ka3 – a2
35. Sb2 – d3	Ka2 – a1
36. Le7 – d6	Ka1 – a2
37. Sd3 – c1 +	Ka2 – a1
38. Ld6 – e5 #	

Auch diese Mattführung kommt in der Praxis kaum vor, dafür ist die Enttäuschung aber umso größer, wenn man die Möglichkeiten erhält und beherrscht sein „Handwerkszeug" nicht.

Im Diagramm

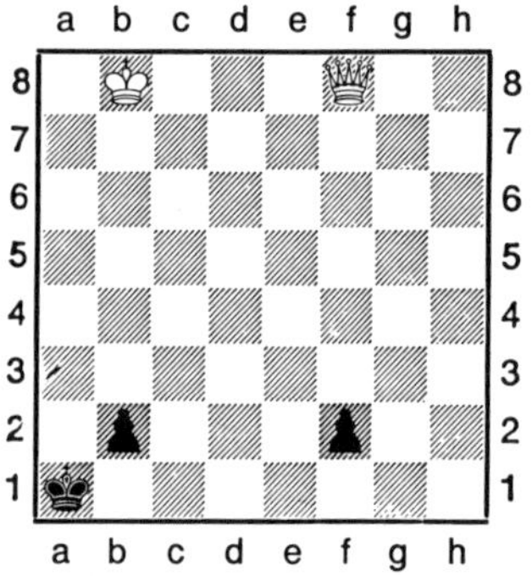

haben wir ein Endspiel Dame gegen zwei Bauern, die beide im nächsten Zug einziehen können. Zur Hilfestellung sei gesagt, daß natürlich 1. Df8 x f2 nicht gewinnt, weil Schwarz ja b2 – b1 D + einzieht.
Auch Df6 scheitert an f2 – f1 D Df6 x f1 +, und wieder hält b2 – b1 D + Remis.

Richtig ist

1. Df8 – a3 +

Zunächst soll der König den Einzug des b-Bauern selbst blockieren.

1. . . .	Ka1 – b1
2. Da3 – a6	

und nun kann f2 ebenfalls nicht einziehen

2. . . .	Kb1 – c2
3. Da6 – e2 +	Kc2 – c3
4. De2 – f1!	

Jetzt kann sich der schwarze König nicht mehr nähern, da f2 mit Schach fällt. Somit kann der weiße König herangeführt werden, und Weiß gewinnt.

Kleines Schachlexikon

Abgabezug

Wenn nach Ablauf der für das Spiel vorgeschriebenen Zeit die Partie nicht beendet ist, muß der am Zuge befindliche Spieler seinen Zug in vollständiger Notation niederschreiben und dieses Formular in einen Umschlag stecken.

Abtausch

Wenn man einen Stein schlägt, der vom gleichen Wert mit dem schlagenden ist, während der Gegner den schlagenden wieder schlagen kann, dann hat man abgetauscht.

Abzugsschach

Wird ein Stein so gezogen, daß einem zweiten die Linie, Reihe oder Diagonale auf den feindlichen König zu geöffnet wird, so sprechen wir von Abzugsschach. Zwischen König und der mit Schachgebot drohenden Figur dürfen keine anderen Figuren stehen.

Analyse

Untersuchung von Partiestellungen, Varianten und Hängepartien

Anmerkungen

Wir sprechen von kommentierten Partien oder Partien, dessen Züge erläutert werden.

Aufgeben

Verzicht eines Spielers auf Fortführung der Partie (geschieht, wenn er seine Lage für aussichtslos hält)

Anziehende

Der Spieler, der am Zuge ist

Ausgleich

Wenn Weiß die Initiative verliert und Schwarz ein gleichwertiges Spiel erhält, so hat er „Ausgleich".

Bauer

sh. Mittelbauer

Bedenkzeit

sh. Spielzeit

Berufsschachspieler

Wie in allen Sportarten in der Welt keine einheitliche Interpretation. Folgende Spieler gelten u. a. als Berufsschachspieler: Fischer (USA), Larsen (Dänemark), Hecht (BRD), Westerinen (Finnland), Andersson (Schweden) und die meisten Großmeister aus der UdSSR (Spasski, Petrosian, Keres etc.). Sie leben von Simultanvorstellungen, Bücherschreiben und Turnierpreisen.

Blindspieler

Ein Spieler, der, ohne das Schachbrett zu sehen, gegen einen oder mehrere Spieler antritt. Es gibt Großmeister, die über 40 Partien gleichzeitig „blind" spielen können.

Blitzschach

Partien, die mit verkürzter Spielzeit (5 oder 10 Minuten pro Spieler) absolviert werden.

Berühren

Hat ein am Zuge befindlicher Spieler einen oder mehrere eigene Steine berührt, muß er den zuerst berührten Stein der gezogen werden kann, ziehen. Beim Berühren des Königs und Turmes muß der Spieler mit diesem Turm rochieren oder, wenn das nicht möglich ist, den König ziehen.

Computerschach

Die ehemaligen Weltmeister Euwe (Holland) und Botwinnik (UdSSR) haben den Schachkomputer mitentwickelt und „gefüttert“. 1973 spielte z. B. Spasski gegen einen deutschen Schach-Computer und gewann in wenigen Zügen.

Damenflügel

Umfaßt die a – bis d – Linie.

Dauerschach

Kann ein Spieler dem Gegner mit jedem weiteren Zug Schach bieten, ohne ihn jedoch mattsetzen zu können, kann nur ein Unentschieden erzielt werden.

Decken

Ein alter Ausdruck für „verteidigen“.
Man deckt einen angegriffenen Stein, indem man einen anderen so zieht, daß er den schlagenden feindlichen Stein wieder zu schlagen befähigt ist.

Demonstrationsbrett

Ein großes Schachbrett, das zum Anschauungsunterricht oder auch in Turniersälen (zum besseren Verfolgen der Partie für die Zuschauer) verwendet wird.

Diagonale

sh. „Der Läufer“

Diagramm

Eine bildhafte Darstellung (mittels eines abgedruckten Schachbretts) einer bestimmten Stellung.

Doppelbauer

Zwei Bauern einer Farbe, die auf einer senkrechten Linie hintereinanderstehen. Ein Doppelbauer entsteht dadurch, daß ein Bauer auf die Reihe hinüberschlägt, auf der ein anderer gleicher Farbe sich befindet. Drei Bauern, die hintereinanderstehen, nennt man Trippelbauern.

Doppelschach

Ein Abzugsschach kann auch ein Doppelschach sein, wenn eine Figur so zum Schach zieht, daß einem zweiten Stein, Linie, Reihe oder Diagonale auf den König freigegeben wird.

Einstellen

Unbeabsichtigter Verlust einer Figur.

En passant

sh. Gangart der Steine „Der Bauer"

Fide

Weltschachbund

Freibauer

Ein Bauer, der auf dem Wege zum Verwandlungsfelde durch einen feindlichen Bauern weder aufgehalten noch geschlagen werden kann.

Gabel

So nennt man eine Stellung, in der ein Bauer zwei Figuren angreift.

Gambit

Wenn man in der Eröffnung einen Bauern preisgibt, um eine schnelle Entwicklung des Spiels zu erhalten.

gewonnen

sh. Turnierregeln „gewonnene Partie"

Großmeister

Der Weltschachbund (Fide) verleiht den Titel eines „Internationalen Großmeisters" oder „Internationalen Meisters" nach der Spielstärke, die auf Grund eines Wertungssystems ermittelt wird. Die Spielstärke von Turnierspielern wird in Form von Zahlen zum Ausdruck gebracht, die in bestimmten Beziehungen zueinander stehen. Maßstab für die Spielstärke kann nicht die Einzelpartie sein, sondern nur die Zusammenfassung mehrerer Partien (bzw. Turniere).

In der Bundesrepublik sind folgende Spieler Großmeister: Wolfgang Unzicker, Klaus Darga, Lothar Schmid, Dr. Robert Hübner, Hans Joachim Hecht und (in Kürze rechnet mit der Verleihung) Dr. Helmut Pfleger.

Hängepartie

Eine Partie, die nach Ablauf der Zeitkontrolle (meistens 40 Züge in 5 Stunden Gesamtspielzeit) nicht beendet ist und zu einem andern Zeitpunkt weitergespielt werden soll.

J'adoube (frz.)

'Ich stelle zurecht', Ein veralteter Ausdruck, den man braucht, um dem Gegner zu sagen, daß man einen Stein nicht zum Ziehen, sondern nur zum Zurechtstellen (weil er sich verschoben hat) anfassen will.

Linie

Die Senkrechten, z. B. a1 – a8 (a-Linie) nennt man „Linien".

Matt

Die Abkürzung für 'Schachmatt'. Der Begriff wird bereits im Buch erklärt. Folgende Begriffe sind noch geläufig:

a) Narrenmatt

Die Zugfolge wird so bezeichnet, weil Weiß schlecht spielt. Schwarz setzt bereits im 2. Zug matt.

1. f2 – f3	e7 – e5
2. g2 – g4?	Dd8 – h4

b) Schäfermatt

Ebenfalls eine schnelle Mattführung mit 'Hilfe' des Gegners.

1. e2 – e4	e7 – e5
2. Lf1 – c4	Sb8 – c6
3. Dd1 – f3	d7 – d6??
4. Df3 – f7 ⧺	

c) Seekadettenmatt

In der Operette 'Seekadett' von Segal (18. Jahrhundert) wird die folgende Partie auf der Bühne gespielt:

1. e2 – e4	e7 – e5
2. Sg1 – f3	d7 – d6
3. Lf1 – c4	h7 – h6?
4. Sb1 – c3	Lc8 – g4?
5. Sf3 x e5!	Lg4 x d1??
6. Lc4 x f7 +	Ke8 – e7
7. Sc3 – d5 ⧺	

d) Ersticktes Matt

Ein Matt, das der Springer dem König gibt, dem jeder Ausgang durch eigene Steine versperrt ist.

Mittelbauern

Bauern vor König und Dame. Wenn beide zwei Schritte vorgerückt sind, bilden sie das sogenannte Zentrum. Wir sprechen auch noch von **verbundenen** Bauern, wenn sie auf Nachbarlinien stehen, so daß einer den anderen verteidigen kann. **Rückständig** nennt man einen Bauern,

der hinter seinen beiden Nachbarbauern zurückgeblieben ist und ihnen nicht mehr nachrücken kann.
Schließlich sprechen wir noch von **vereinzelten** oder **isolierten** Bauern, dessen Nachbarbauern nicht mehr da sind.

Notation

Das System des Aufschreibens einer Schachpartie nennt man 'Notation'.

Opfer

Man 'opfert' einen Stein, wenn man ihn absichtlich preisgibt oder beim Wiederschlagen einen Stein von geringerem Wert für ihn erhält. Natürlich soll hierdurch ein positioneller oder materieller Vorteil erzielt werden.

Patt

sh. Turnierregeln „Unentschiedene Partie"

Qualität

Wenn man für einen Springer oder Läufer einen feindlichen Turm eintauscht, so hat man die Qualität gewonnen. Der Gegner hat sie verloren.

Reihe

Die waagerechten vor mir liegenden Felder (z. B. a1 – h1) nennt man „Reihe".

Remis

sh. Turnierregeln 'Unentschiedene Partie'

Rochade

sh. Gangarten der Figuren 'König'

Schach

sh. Gangarten der Figuren „Schachbieten".

Schacholympiade

Alle zwei Jahre veranstaltet der Weltschachbund (Fide) eine Weltmeisterschaft oder Schacholympiade, an der alle Mitgliedsländer (ca. 80 Staaten) teilnehmen können. Die UdSSR gewann zwölfmal den Olympiasieg.

Schachoscar

Jedes Jahr wählen Schachjournalisten den besten Spieler der Welt und verleihen ihm den Pokal „Schachoscar“.

Schachuhr

In einer festgesetzten Zeit muß jeder Spieler eine bestimmte Anzahl von Zügen machen. Die Zeitkontrolle wird für jeden Spieler mittels einer Doppeluhr, die mit einer besonderen Vorrichtung versehen ist, ausgeübt.

Simultanspiel

Bei Simultanvorstellungen spielt einer gegen viele (meistens gegen 30 – 50 Spieler), indem er von Brett zu Brett geht und jeweils einen Zug macht.

Spielzeit

Turnierpartien (bei internationalen Turnieren) werden auf 40 Züge in 2½ Stunden pro Spieler festgesetzt. Die Spieler können sich die Zeit beliebig auf die einzelnen Züge einteilen. Wer die Gesamtzeit überschreitet, hat verloren (siehe Schachuhr).

Strategie und Taktik

„Die Strategie umfaßt die Zielsetzung und das Bilden von Plänen. Die Taktik umfaßt die Ausführung der Pläne. Die Strategie ist abstrakt, die

Taktik konkret. Mit einfachen Worten: bei der Strategie kommt es auf das Denken an, bei der Taktik auf das Sehen." (Dr. Euwe).

Tempo

Zeitmaß für die Entwicklung der Streitkräfte. Mit dem Zuge, der das Spiel dem Hauptzweck nähert, wird ein Tempo gewonnen.

Theorie

Besonders zu Eröffnungen und Endspielen hat sich eine umfangreiche „Theorie" gebildet, die das Ergebnis der in der Praxis gewonnenen Erkenntnis und Analysen ist. Endspiele sind vielfach theoretisch abgeschlossen. Eröffnungen hingegen werden ständig bereichert, so daß die Theorie nur „augenblickliche Wahrheiten" bieten kann.

Umwandlung

Erreicht der Bauer die letzte Runde, muß er sich sofort in eine Figur verwandeln (Dame, Turm, Läufer oder Springer).

Zeitnot

Die beschränkte Bedenkzeit, die dem Spieler in einem Turnier zur Verfügung steht, kann er sich beliebig einteilen. Verbraucht er für die ersten Züge viel Zeit, so muß er die letzten Züge bis zur Zeitkontrolle schneller machen, so daß er in „Zeitnot" gerät. Meistens werden in Zeitnot Fehler gemacht, so daß eine bis dahin gut geführte Partie noch verlorengeht.

Zentrum

bilden die Felder d4, e4, d5, e5

Zugzwang

Im Endspiel kommt es häufig vor, daß ein Spieler verliert, weil er am Zuge ist. Z. B. muß ich eine Figur, die das Mattfeld deckt, ziehen, weil sie die einzig verfügbare ist, so spricht man von „Zugzwang".

Zeichenerklärung

±	Weiß steht besser
∓	Schwarz steht besser
⩲	Weiß steht etwas besser
⩱	Schwarz steht etwas besser
+—	Weiß hat entscheidenden Vorteil
—+	Schwarz hat entscheidenden Vorteil
=	Das Spiel ist ausgeglichen
∞	Das Spiel ist unklar
$\stackrel{=}{\infty}$	Weiß hat für materiellen Nachteil ausreichende Kompensation
$\stackrel{\infty}{=}$	Schwarz hat für materiellen Nachteil ausreichende Kompensation
!	Ein sehr guter Zug
! !	Ein ausgezeichneter Zug
?	Ein schwacher Zug
? ?	Ein grober Fehler
! ?	Ein beachtenswerter Zug
? !	Ein Zug von zweifelhaftem Wert
N	Neuerung
△	Mit der Idee
+	Schach
#	Matt
x	Schlägt (bei ausführlicher Notation)
:	Schlägt (bei der Kurznotation hinter einem Zug)
ep.	en passant = schlagen im Vorübergehen.

Die bisherigen Weltmeister

1866–1894	Wilhelm Steinitz	Österreich
1894–1921	Emanuel Lasker	Deutschland
1921–1927	José Capablanca	Kuba
1927–1935	Alexander Aljechin	Rußland - Frankreich
1935–1937	Max Euwe	Niederlande
1937–1946	Alexander Aljechin	Rußland - Frankreich
1948–1957	Michael Botwinnik	Sowjetunion
1957–1958	Wassilij Smyslow	Sowjetunion
1958–1960	Michael Botwinnik	Sowjetunion
1960–1961	Michail Tal	Sowjetunion
1961–1963	Michael Botwinnik	Sowjetunion
1963–1969	Tigran Petrosian	Sowjetunion
1972–1975	Robert Fischer	USA
1975–	Anatoli Karpow	Sowjetunion

Deutsche Großmeister (Bundesrepublik)

Wolfgang Unzicker

Lothar Schmid

Klaus Darga

Dr. Robert Hübner

Hans Joachim Hecht

Dr. Helmut Pfleger

Deutsche Schachmeister seit 1947

1947	Georg Kieninger
1948	Wolfgang Unzicker
1949	Efim Bogoljubow
1950	Wolfgang Unzicker
1951	Rudolf Teschner
1952–54	Wolfgang Unzicker
1955	Klaus Darga
1957	Paul Tröger
1959	Wolfgang Unzicker
1961	Klaus Darga
1963	Wolfgang Unzicker
1965	Wolfgang Unzicker und Dr. Helmut Pfleger
1967	Robert Hübner und Hans Besser
1969	Manfred Christoph
1970	Hans Joachim Hecht
1972	Hans Günter Kestler
1974	Dr. Ostermeyer

Seit 1971 Internationale Deutsche Meister

1971	Gligoric (Jugoslawien)
1973	Hans Joachim Hecht
1975	Walter S. Browne (USA)

KLEINE SCHACHBÜCHEREI

Band 2

Manfred van Fondern

Tips für Fortgeschrittene

R. Joachim Beyer Verlag — 8601 Hollfeld/Ofr.

ISBN 3-921202-21-3

Umschlaggestaltung: H. G. Bergenthal, Neheim - Hüsten

Druck: Heinz Neubert, Bayreuth, Schloßberglein 4

Vorwort:

Die Leser der „Kleinen Schachbücherei Bd. 1: Tips für Anfänger" wissen, daß dieser Band eine Fortsetzung darstellt.
Der 1. Band ist von allen, die sich erstmals „theoretisch" mit dem Schachspiel befaßten, begeistert aufgenommen worden.
Es ging mir darum, den Anfänger nicht gleich durch die Fülle des Materials und mit vielen Belehrungen, wie sie die meisten Anfängerbücher enthalten, die Lust am Spiel zu nehmen.
Da Sie sich, lieber Leser, auch zum Studium dieses Buches entschlossen haben, kann ich nicht umhin, Sie schon als „gewonnenen Schachfan" anzusprechen.
Dieser 2. Band sei aber auch unabhängig vom 1. Band für alle „Fortgeschrittenen" als Lektüre empfohlen.
Ich lade Sie ein mit mir die Kreis-, Bezirks- und höheren Klassen zu durchschreiten, bis Sie mit Hilfe Ihrer Begabung und Ihres Eifers „Ihren" Platz in der Schacharena gefunden haben.
Viel Spaß.

An Hand der Partien werden wir uns mit einigen Eröffnungen intensiv beschäftigen, die interessante Varianten für Weiß und Schwarz bieten. Aber auch mit Strategie und Taktik im Mittelspiel und der Behandlung des Endspiels wollen wir uns innerhalb der Partien auseinandersetzen.
Das spielerische Element soll nicht von theoretischen Belehrungen verdrängt werden.
Und nun in medias res.

I. Variantenkomplex

Diese Partie spielte ich mit weißen Steinen in einem Verbandsturnier für Jugendliche.
Die Leser von Band 1 kennen den 1. Zug (meinen Lieblingszug).

Partie 1

1.	d2 – d4	d7 – d5
2.	c2 – c4	

Wenn ein Spieler mehrere Jahre Spielpraxis hat, neigt er dazu, oft die gleichen Anfangszüge zu machen. Man möchte begangene Pfade noch einmal gehen und gemachte Fehler revidieren. Ich würde jedem Partiespieler empfehlen, die gespielten Partien zu sammeln und mit einem stärkeren Partner nachzuspielen oder in Eröffnungswerken nachzuschlagen, was falsch gemacht wurde. Allein das Auswendiglernen von Varianten macht aus Ihnen keinen starken Turnierspieler, erst die Spielpraxis hilft Ihnen weiter. Man muß in jedem Eröffnungssystem die starken Felder der einzelnen Figuren kennenlernen und den Angriffsplan vor Augen haben.

Die schwarzen Möglichkeiten nach c4 sind bereits sehr vielfältig. Ein geübter Spieler denkt nicht in Einzelzügen, sondern überlegt jetzt schon sein Verteidigungskonzept.
Die beiden großen Gruppen gliedern sich in das sogenannte „Angenommene“ (d5 x c4) und in das „Abgelehnte (alles außer d5 x c4, z. B. e7 – e6 oder c7 – c6) Damengambit.“
Wir werden den Schwerpunkt unserer Betrachtungen auf die weißen Figuren legen und die schwarzen Antwortmöglichkeiten analysieren.

Mein Gegner wählte das Angenommene Damengambit.

2. . . . d5 x c4

Die Annahme des Gambits hat keinen Nachteil für Schwarz. Anfänger neigen sehr oft dazu den Gambitbauern zu verteidigen und kommen bald in Nachteil.

3. Sg1 – f3

Das ist meine Hauptvariante. Nach e2 – e3 zum Beispiel, hätte Schwarz vorteilhaft mit dem Befreiungszug e7 – e5 antworten können. (3. . . . e5! a.) 4. Lc4: ed4: 5. ed4: Ld6! 6. Sf3 Sf6 7. 0 – 0 0 – 0 = b.) 4. de5: Dd1: + 5. Kd1: Sc6 6. Sf3 Le6 7. Sbd2 0 – 0 – 0 8. Kc2 Sb4 + 9. Kc3 Sd3 ∓)

3. . . . Sg8 – f6

Der erfolglose Versuch, den Gambitbauern zu behalten, sähe so aus: 3. – c6 4. e3 b5 5. a4 Db6 6. ab5: cb5: 7. b3! cb3: 8. Db3: b4 (a6? Lb5: +) 9. Dd5! Lb7 10. Lb5 + Lc6 11. Se5 Db5: 12. Df7 + ±
Der 3. Zug von Schwarz läßt erkennen, daß unser Gegner mit „System“ spielt, also aufgepaßt. Der Zug verhindert e4.

4. e2 – e3

Der einfachste Weg. Über 4. Sb1 – c3 unterhalten wir uns in Partie Nr. 3.

4. . . . e7 – e6

Schwarz entwickelt seinen Königsflügel. Natürlich hat er auch andere Möglichkeiten, mit denen wir rechnen müssen. Was machen wir auf 4. ... Lg4? Wir wissen ja schon, daß Schwarz oft viel Ärger mit seinem Lc8 hat.

Wir haben in Bd. 1 schon aufgezeigt, wie man bei genauem Spiel die Schwierigkeiten beseitigt. Hier geht es Schwarz um schnelle Figurenentwicklung, mit dem Risiko, den Bauern zu verlieren. Schwarz muß jedenfalls die folgenden Züge kennen, sonst ist dieses Abspiel nicht empfehlenswert. Wieder in Kurznotation die weißen Entgegnungen. Wir müssen ja die „Schattenseite" von Lg4 kennen und auszunutzen verstehen. Gewaltsame Figurenentwicklungen haben ihren Vorteil, wenn der Gegner nicht im Stande ist, sie zu widerlegen. Also: 4. ... Lg4 a) 5. Lc4: e6 6. Db3 Lf3: 7. gf3: Sbd7! 8. Db7: c5 9. 0–0 cd: 10. Td1 Lc5 etwa =

b) 5. h3 Lh5 6. g4!? Lg6 7. Se5 Sbd7 8. Sg6: hg6: 9. Lg2 c6 10. Sd2 Sb6 11. Dc2 e6 12. Sc4: Lb4 + 13. Sd2 vielleicht ±

Ist es nicht unglaublich, was man alles spielen kann? Aber diese Beispiele sind meist von „großer Hand" gespielt. Bei uns geht es doch noch „friedlicher" zu.

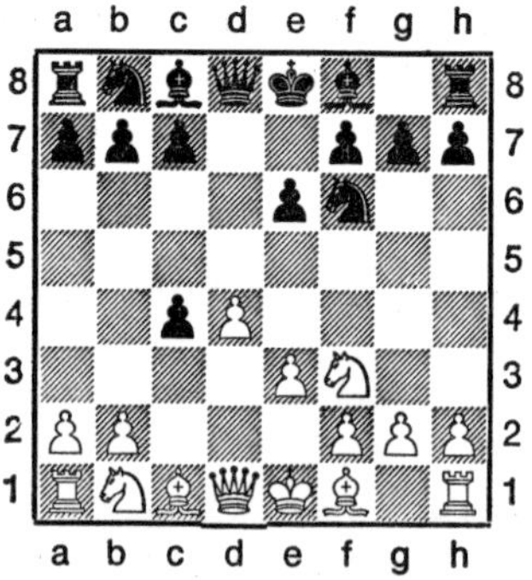

5. Lf1 x c4 c7 – c5

Schwarz erwidert folgerichtig und stark. Er nimmt Einfluß auf das Zentrum.

6. 0 – 0 c5 x d4

Diese Variante zielt daraufhin, Weiß einen isolierten Zentrumsbauern zu verschaffen, der als Angriffsobjekt dient.
Wilhelm Steinitz (Weltmeister 1866–1894) war noch der Ansicht, daß Schwarz die besseren Chancen besäße. In vielen späteren Partien hat sich jedoch gezeigt, daß Weiß aktiveres Figurenspiel erhält. Immerhin bekommt er nach ed: die e-Linie geöffnet und der Lc1 greift ins Kampfgeschehen ein. Der Springer f3 besetzt später e5. Bei solchen Stellungsbeurteilungen darf man nicht vergessen, daß sich Vor- und Nachteil solcher Bauernstellungen im Endspiel grundlegend ändern können.
Kann Schwarz beispielsweise das Mittelspiel „heil" überstehen, wird der weiße d4-Bauer im Endspiel tatsächlich schwach und kann oftmals leicht erobert werden. Das muß Weiß genau wissen. Er darf also nicht nach Verflachung und Figurentausch im Endspiel sein Heil suchen.
Wir müßten auf folgende schwarze Begegnung im 6. Zuge gefaßt sein: 6. . . . a6
Was ist der Unterschied? Schwarz bereitet b5 vor, um nach Entwicklung des Lc8 am Damenflügel aktiv zu werden. Und in der Tat finden wir in heutigen Partien eher diesen Aufbau. Bevor wir also unsere Partie weiter verfolgen, müssen wir uns dieses wichtige Abspiel noch ansehen. Wir hätten uns dann für De2 entschieden, obwohl – wie immer – auch andere Züge möglich sind (Lb3, Sc3, a4, e4), die aber für uns schwierige Varianten darstellen.

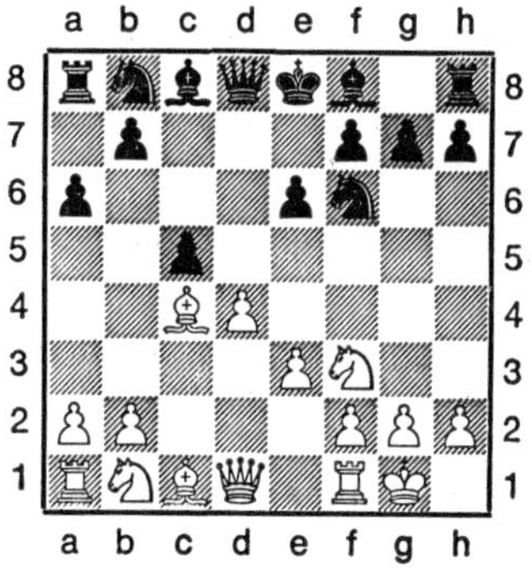

Nach 6. – a6

7. De2 (Der Plan: Td1 und e4) b5 8. Lb3 (hier steht der Läufer besser als auf d3) 8. ... cd4: 9. ed4: Le7 10. a4 ba4: 11. Ta4: Lb7 12. Sbd2 0 – 0 13. Sc3 Lc6 14. Ta1 Db6 15. Sa5 Lb5 =. 8. ... Lb7 9. a4 (Auch Td1 wird gespielt, mit der Absicht Sc3 und e4. Mit dem Textzug schwächt Weiß den gegnerischen Damenflügel) 9. ... Sbd7 (9. ... c4? 10. Lc2 Sc6 11. ab: 12. Ta8: Da8: 13. Sc3 Da5 14. e4 Sd7 15. d5 Sd8 16. Sd4 ±) 10. ab: ab: 11. Ta8: Da8: 12. Sc3 b4 13. Sb5 Da5! 14. e4 Le7 (14. ... Se4:? 15. Sg5 Sg5: 16. Lg5: mit der Drohung Le6:) 15. d5 ed5: 16. Ld5: Sd5: 17. ed5: 0 – 0 18. De7: Db5 19. Td1 Sf6 = Nach dieser Einblende wollen wir uns wieder unserer Partie widmen.

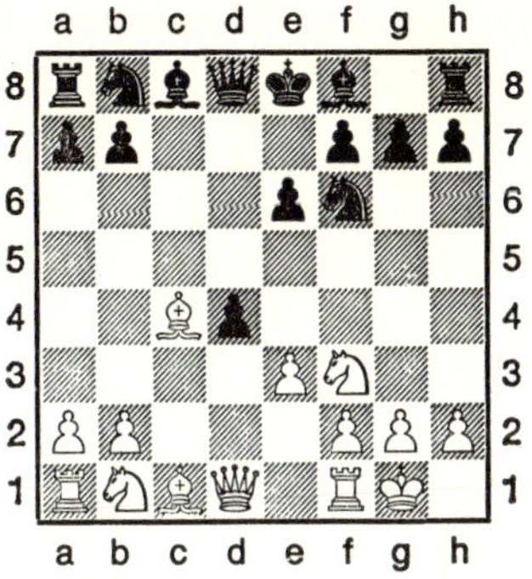

7. e3 x d4

Sd4: würde mit a6 beantwortet und Schwarz hat gute Chancen.

7. ... Sb8 – c6

Schwarz greift sofort meinen weißen Mittelbauern an.

8. Sb1 – c3 Lf8 – e7
9. Dd1 – e2 Sc6 x d4

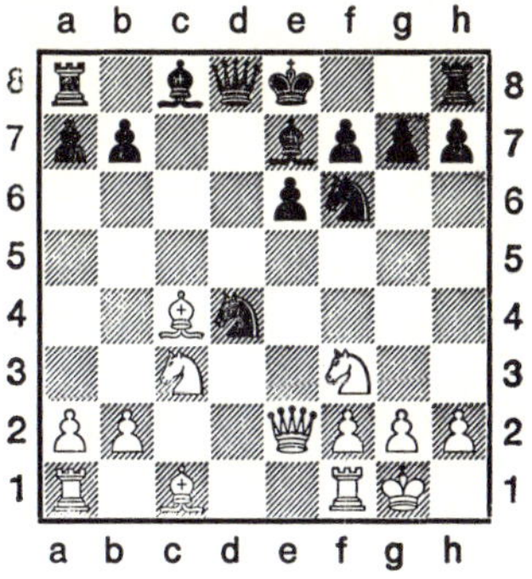

Hier hatte ich meinem Gegner eine Falle gestellt. Ich gab den Mittelbauern auf, um einen starken Angriff zu erhalten.
Richtig ist die ruhige Entwicklung.
9. ... 0 – 0 10. Td1 Sb4 (10. ... a6? 11. d5! ed: 12. Sd5: Sd5: 13. Ld5: ⩲) 11. Lg5 Sd5 12. Tac1 Sc3: 13. bc: Ld7 14. Se5 Tac8 15. Df3 ⩲ (Aljechin — Hönlinger, Wien 1936)

10. Sf3 x d4	Dd8 x d4
11. Tf1 – d1	Dd4 – b6

Auf Dg4 droht Lb5 +

12. Lc1 – e3

Die schwarze Dame wird gejagt. Schwarz hat in dieser Stellung an der fehlenden Rochade zu leiden.

12. ...	Db6 – c7
13. Sc3 – b5	Dc7 – b8
14. g2 – g3	

Jetzt droht Lf4 mit Damenverlust. Es ist für Schwarz schwer noch eine gute Verteidigung zu finden. Dieses Beispiel zeigt, wie gefährlich ein falscher Bauernraub sein kann, bevor die Figuren ihre Stellung bezogen haben. Mein Gegner verbrauchte in dieser Stellung einen großen Teil seiner Zeit. Der Turnierspieler weiß, welche Bedeutung die Uhr haben kann. Spielt man eine unbekannte Partie nach, wundert man sich sehr oft gerade über Züge vor der Zeitnotphase. Deshalb dienen solche Angaben dem besseren Verständnis für eine Zugfolge.
Schwarz kann durch die Drohung des Damenverlustes immer noch nicht rochieren.

14. ...	e6 – e5

Auf Ld7 folgt ebenfalls Lf4 mit Qualitätsverlust.

15. Ta1 – c1

Der Qualitätsverlust ist nicht mehr zu verhindern. Dame und Turm können sich nicht mehr befreien.

15. . . . 0 – 0?

Aber was sonst?

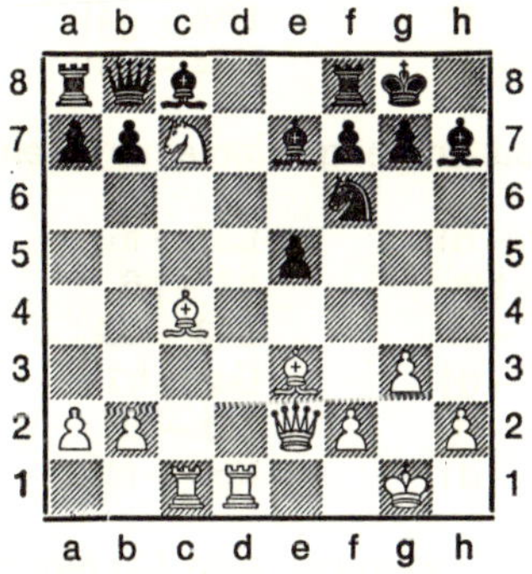

16. Sb5 – c7! Lc8 – h3

(16. . . . e4 (droht Lg4) 17. f3 ef: 18. Df2) Natürlich geht Dc7: nicht, wegen Lf7: +

17. Sc7 x a8 Db8 x a8

Jetzt droht b7 – b5 mit Matt.

18. f2 – f3

Damit scheint Weiß Herr der Lage zu sein.

18. . . . e5 – e4!

Schwarz gelingt es trotz Zeitnot noch wirkungsvolles Gegenspiel aufzubieten.

19. Lc4 – d5

Weiß glaubt es sich leisten zu können, das Läuferpaar aufzugeben, da er die Qualität besitzt.

19.	...	Sf6 x d5
20.	Td1 x d5	e4 x f3
21.	De2 x f3	b7 – b6!
22.	Kg1 – f2	Lh3 – g4!
23.	Df3 – g2	Lg4 – h3!

Diese Züge sollen Zeitgewinn einbringen.

24.	Dg2 – h1	Le7 – f6
25.	b2 – b3	h7 – h6
26.	Tc1 – c7	Lh3 – e6
27.	Td5 – d1	Da8 x h1
28.	Td1 x h1	Tf8 – a8
29.	Th1 – d1	Kg8 – f8

Schwarz ist es gelungen, sein Läuferpaar wirkungsvoll aufzustellen. Die weißen Türme wirken hilflos.

30. Le3 – f4

Ein neuer Versuch, die Türme abzutauschen und den Materialvorteil wieder zum Tragen zu bringen.

30. ... Kf8 – e8?

Richtig war 30. ... g7 – g5

31.	Tc7 – b7	g7 – g5
32.	Tb7 – b8 +	Ta8 x b8
33.	Lf4 x b8	a7 – a6
34.	Lb8 – c7	b6 – b5

34. Td6 Ld8!)

35. Td1 – d6 | Lf6 – e5??

Der entscheidende Fehler, obwohl ich keine Verteidigung mehr sehe.

36. Tc6 x e6 +

und Schwarz gab auf.

Partie 2

Zu dieser Eröffnung fällt mir noch eine kleine Partie ein, die ich vor einigen Jahren gesehen habe.

1. d2 – d4	d7 – d5
2. c2 – c4	d5 x c4
3. Sg1 – f3	Sg8 – f6

Soweit haben wir in der vorangegangenen Partie auch gespielt. Im 4. Zug setzten wir mit dem ruhigen positionellen e2 – e3 fort. Möglich ist aber auch der folgende Zug

4. Dd1 – a4 +

Weiß möchte sich mit diesem Damenausfall den Bauern sofort zurückholen.
1934 spielte erstmals (?) Bogoljubow diesen Zug gegen Weltmeister Aljechin in Mannheim. Deshalb sprechen die Theoretiker von der Mannheimer Variante.

4. ... | Sb8 – d7

Dieser Zug bringt Weiß in Vorteil.
Bessere Antworten hat Schwarz in 4. .... c6 oder Sc6.

5. e2 – e3

Üblich ist hier Sc3 mit folgendem e4.

5. . . . g7 – g6

Schwarz will hier durch Zugumstellung die Grünfeld-Indische Verteidigung erreichen. Besser wäre nach 5. e3 wohl e6 gewesen.

6. Lf1 x c4 Lf8 – g7?

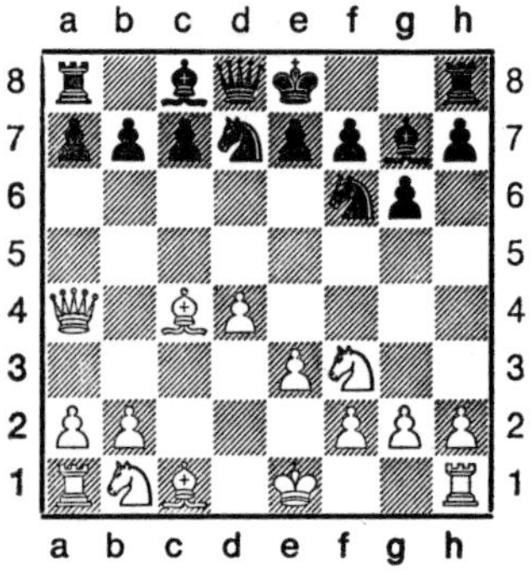

7. Lc4 x f7 +

Nun dürfte Schwarz aufgewacht sein!
Er hat den kleinen Unterschied zwischen 5. e3 und Sc3 nicht beachtet. Nach 5. Sc3 kann c6 6. g6 und 7. Lg7 folgen.

7. . . . Ke8 x f7
8. Sf3 – g5 + Kf7 – e8

(8. . . . Kg8 9. Db3 +)

9. Sg5 – e6 wegen Damenverlust aufgegeben.

Wir wollen noch etwas bei dieser Eröffnung verweilen und eine Verteidigung als Schwarzer gegen die Abweichung im 4. Zuge von Weiß ansehen.

Partie 3

Die ersten drei Züge kennen wir: 1. d4 d5 2. c4 dc: 3. Sf3 Sf6

4. Sb1 – c3

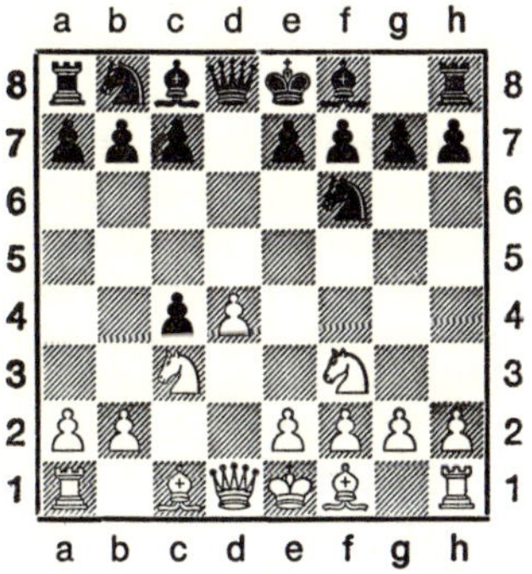

Auch dieser Zug ist beliebt. Weiß möchte mit e3 keine Zeit verlieren und gleich e4 durchdrücken. Er geht aber das Risiko ein, daß Schwarz seinen Gambitbauern verteidigt und am Damenflügel aktiv wird. Wir haben jetzt zwei grundsätzliche Möglichkeiten. Mit 4. ... c6 und anschließendem Lf5 könnten wir in die Slawische Verteidigung einlenken, die wir schon in Bd. 1 kennengelernt haben. Uns interessiert hier aber die Verteidigung des Gambitbauern.

4. ... a7 – a6
5. e2 – e4

Natürlich hätte Weiß auch jetzt noch auf Rückeroberung des Bauern mit a2 – a4 spielen können. Aber das hätte er ja, wie wir vorher gesehen haben, einfacher haben können. e4 gehört heute durchaus zum „normalen" Abspiel. Als Bogoljubow 1934 in seinem Weltmeisterschaftskampf gegen Aljechin diesen Zug ausführte, sagte der Weltmeister: „Ein Abenteuer, das nur derjenige unternehmen kann, der nichts zu verlieren hat." Wir sehen, daß die theoretischen Kenntnisse durch die Praxis stets verbessert und korregiert werden.

5. ...	b7 – b5
6. e4 – e5	Sf6 – d5

Der nächste Zug kann das „Temperament" von Weiß charakterisieren. Haben wir einen Draufgänger vor uns, für den nur der Angriff eine Rolle spielt, müssen wir eventuell mit 7. Sg5 rechnen.
Zuerst sahen wir diesen Zug in der erwähnten Partie Bogoljubow – Aljechin, die folgenden Fortgang nahm: 7. ... e6 8. Df3 Dd7 9. Sd5: ed: 10. a3 (gegen Lb4 +) Sc6 11. Le3 Sd8 12. Le2 Df5! 13. Dg3 (Dd5:? Lb7 mit Damenverlust) h6 14. Sh3 c6 15. f4 Dc2! 16. Df2 La3:! (Ta3: Db2: 18. Ta5 Db4 + 19. Ld2 c3) Doch machte man sich auch in diesem Abspiel Gedanken, ob der weiße Angriff nicht zu verstärken sei. Man glaubt, daß 8. Dh5 (statt Df3) Le7 9. Le2 doch Angriffschancen bietet, da Weiß mit e5 das schwarze Spiel erheblich eingeengt hat, das Feld e4 beherrscht.
Wenn Schwarz 7. Sg5 unterschätzt und zieht 7. ... h6? kann es ihm so ergehen: 8. Sf7:! Kf7: 9. Df3 + Ke6 10. g3! Sf6 (Es drohte Lh3 Matt) 11. Da8: Ld7 12. Lh3 + Kf7 13. Ld7: Sfd7: 14. Df3 + Kg8 15. Dd5 + e6 16. De6: + Kh7 17. 0 – 0 Tg8 18. a4 b4 19. Se4 Sb6 20. Lh6: + Dd4:

21. Sg5 Kh8 22. Dg6 Dd3 23. Sf7 matt. Wenn das nicht zum Nachahmen reizt!
Auf 7. Sg5 ist auch Lc8 – f5 ein schwerwiegender Fehler. 8. Sf7:! Man soll es nicht glauben, daß auch hier das Opfer Erfolg hat.
8. ... Kf7: 9. Df3 e6 10. g4 Lb4 (g6? 11. g7: gf: mit Mattangriff) 11. gf: Tf8 12. Tg1! ef: 13. Dh5 + (Df5: Kg8) Kg8 14. Lh6 Tf7 (g6 15. Tg6: +) 15. e6 Te7 16. Lg7:! Te6:+ (Tg7: 17. Df7 +) 17. Le5 + Kf8 18. Dh7: Ke8 19. Tg8 + Lf8 20. Sd5: Dd5: 21. Lg2 Dd4: 22. Tf8: + Kf8: 23. Df5: + Ke7 24. De6: + und Weiß gewann (Hottes – Bialas, Deutsche Meisterschaft 1961) Wieder eine sehr schöne Angriffspartie. Gerechterweise muß man auch sehen, daß Schwarz auf Sg5 besser Sc3: spielen kann.
Doch nun wollen wir auf dem Diagramm zeigen, wie Partie Nr. 3 steht.

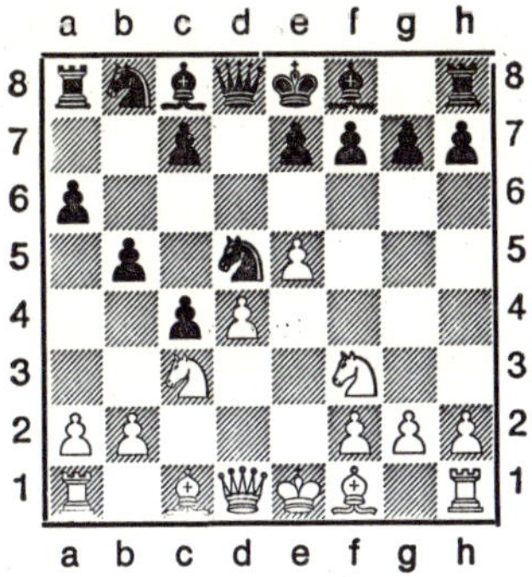

7. a2 – a4

Mit diesem Zug jedoch kann der Schwarze in der Regel rechnen.

7. ... Sd5 x c3

(7. ... Lb7 e6! 7. ... b4 Se4)

8. b2 x c3 Lc8 – b7

Bei diesem Zug scheiden sich die „Geister“ (die Theoretiker). Solider erscheint 8. ... Dd5 9. g3 Le6 (9. ... Lb7 10. Lg2 Dd7 11. La3 e6 12. Lf8: Kf8: 13. 0 – 0 ± (Bronstein – Kortschnoi 1964) oder 10. ... Db7 11. 0 – 0 Ld5 12. La3 e6 13. Lf8: Kf8: 14. Sh4 Lg2: 15. Sg2: Sd7 16. Se3 g6 17. f4 Sb6 18. Db1 Sd5 19. Sd5: Dd5: 20. ab5: Tb8 21. f5 = Ivkow – Dr. Filip 1965) Es ging bei dieser Abwicklung um die Ausschaltung von 9. e5 – e6
Wir waren bei

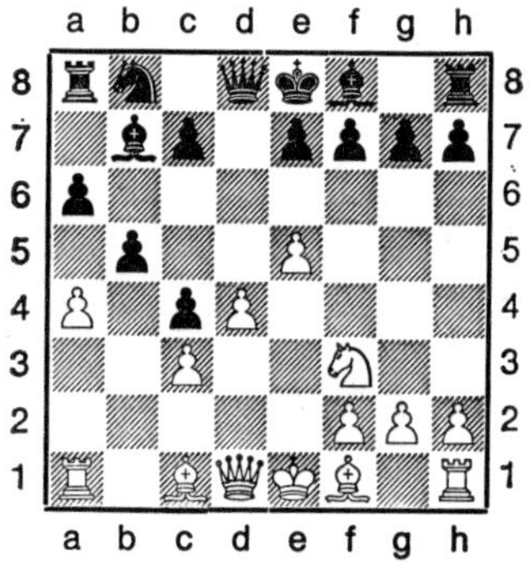

8. ... Lc8 – b7

Dieser Zug bietet aktiveres Gegenspiel, erfordert aber genaue Kenntnis nach

9. e5 – e6

Es geht Weiß darum, unsere Entwicklung am Königsflügel zu erschweren.

9. . . .   f7 x e6

Wir müssen das Bauernopfer annehmen.
Nach f6 folgt 10. g3 Dd5 11. Lg2 De6: + 12. Le3 c6 13. 0 – 0 Dc8 14. Te1 mit besseren weißen Möglichkeiten (Bronstein – Byrne 1952)

10. Lf1 – e2

Sofortiges 10. Sg5 ergibt Zugumstellung.

10. . . .   Dd8 – d5
11. Sf3 – g5

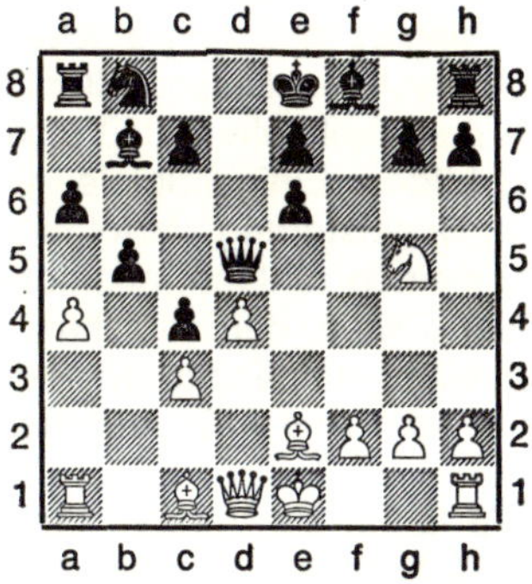

Das ist die kritische Stellung. Früher spielte man 11. Lf4 Sd7 12. Lc7: g6 13. 0 – 0 Lg7 14. Te1 e5! 15. Le5: Se5: 16. de: 0 – 0 17. Dd5: + Ld5: 18. Sd4 Tf4 19. ab: ab: 20. Ta8: + La8: 21. Lf1 Ld5 22. Sb5: Tf5 23. Td1 e6 24. Sd6 Te5: 25. Sc4: Lc4: 26. Lc4: Te4 (trotz des Minusbauern =)

11. . . .   Dd5 x g2
12. Th1 – f1   Lb7 – d5

Wir dürfen nicht 12. ... Dh2: spielen. 13. Se6: Dd6 14. d5! mit starkem Angriff.

13. a4 x b5

Wir müssen auch auf folgende Züge eine Antwort wissen: 13. Lf4 entgegnen wir mit b4. Es kann folgen 14. Lg4 h6 15. Lh3 mit Gefangennahme der Dame. Hier ist eine Partie Polugajewski – Szabo 1965 bekannt, die mit Dg5: fortgesetzt wurde, in der Schwarz durch das Damenopfer für 2 Figuren ein starkes Gegenspiel erhielt. Folgt auf b4 14. cb: so setzen wir mit Sc6 15. Tb1 e5! 16. de: e6 fort. Viele von Ihnen werden jetzt mit Recht einwerfen, daß man starke Nerven haben muß, um solche Varianten zu spielen. Beim Analysieren dieser Stellungen in Übungsgruppen kann man feststellen, daß sich sehr schnell zwei Gruppen bilden. Einige Spieler werden solche Zugfolgen mit Begeisterung verfolgen; andere bevorzugen lieber einen ruhigen, positionellen Aufbau. Jüngere Spieler lieben den forschen Angriff, auch wenn sie mal einen empfindlichen Reinfall erleben. Man kann aber sein Auge für Angriffsmöglichkeiten schärfen.
Eine Partie, die lange als Vorlage diente (Borissenko – Stein 1964), befaßte sich auch mit 13. Lf4. Stein antwortete 13. ... g6 14. Lg4 h6 15. Lh3. Auch hier ist die Dame gefangen. 15. ... Df1: + 16. Lf1: hg5: 17. Lc7:? (Weiß hätte die Partie gewinnen können mit 17. Le5! Th4 18. ab: ab: 19. Ta8: La8: 20. Db1 und nun droht Weiß so ziemlich alles: Dg6: +; Db5: +; Lc4:) 17. ... b4! 18. cb4: Th4 19. b5 Lg7 20. Le5 Le5: 21. de5: Sd7 22. ba6: Te4 + 23. Le2 Se5: 24. Ta3 Sc6 25. Te3 Td4 26. Db1 Ta6: 27. Dg6: + Kd7 28. Ld1 Tb6 29. f3 Tb2 30. Te2? (mit Zeitnot; Le2 Tdd2) 30. ... Td1: + 31. Kd1:

Lf3: 32. De6: + Kc7 33. Kc1 Te2: 34. Dc4: Th2: 35. a5 Th4 36. Dc5 e5 37. Db6 + Kd6 und Weiß überschreitet die Zeit.

Hier können wir sehen, wie ohnmächtig die Dame gegen ein gutes Zusammenspiel verschiedener Figuren sein kann. Der Leser, der absolute Ergebnisse geliefert haben möchte, wird sagen, daß Weiß bei den bisherigen Beispielen doch immer besser stand (bei fehlerlosem Spiel). Aber gerade am letzten Beispiel sehen wir, wie leicht Weiß (17. Lc7:?) straucheln kann. Es ist klar, daß sich in der Analyse immer wieder (und zwar für Weiß eher) Verbesserungen finden lassen. Aber verschiedene Varianten muß ich unter dem Gesichtspunkt spielen und auswählen, daß der Gegner nicht alles auswendig weiß oder am Brett jeweils den präzisesten Zug finden kann. Deshalb immer die Frage: Will ich gewinnen oder bin ich mit Remis zufrieden? Je mehr Risiko, desto mehr Chancen.

Gerade mit Schwarz, da ich den Anzug von Weiß wettzumachen habe, muß ich, wenn ich unbedingt einen vollen Punkt erzielen will, durch schärferes, risikoreiches Spiel meine Chancen suchen. Und ich meine, unter diesem Gesichtspunkt, können wir auch diese Abspiele dazu zählen.

Auch 13. Lg4 ist untersucht worden, doch ist mir aus der Praxis noch nichts bekannt.

Nach 13. ab:

13. . . . a6 x b5

Andere Antworten ergaben auch keine Verstärkung.

14. Ta1 x a8 Ld5 x a8
15. Lc1 – f4

Auch in dieser Stellung herrschen meines Erachtens noch Unklarheiten. Auch 15. Se6: ist möglich.
15. Lg4 geschah in Dresden 1970 Knaak – Bönsch, mit der Fortsetzung 15. . . . e5 (Dh2:? 16. Le6: Lg2 17. Dg4 Lf1: 18. Lf7 + Kd8 19. Se6 + nebst Matt). 16. Le6 Ld5! 17. Lh3! Dh2: 18. Dh5 +! Kd8 (18. . . . g6 19. Ld7 +) 19. Dg4 e6 20. Sf7 + Ke8 21. Se5:! h5 22. Dg6 + Kd8 23. Lg5 + Kc8 24. De8 + Kb7 25. Db5: + Kc8 26. De8 + Kb7 27. Ke2 Sc6 28. Sc6: Lf3 + 29. Kd2 Lb4 30. Sd8 + Kb8 31. Db5 + Es ist schon nicht schön, wie man mit Seiner Majestät umgeht.

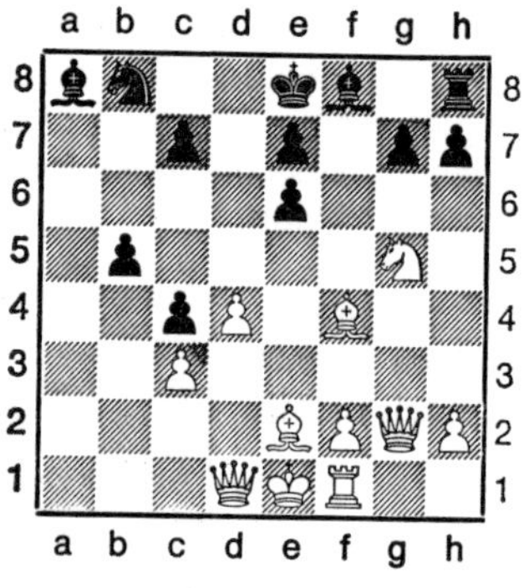

15. . . . g7 – g6
16. Sg5 x e6 Sb8 – a6
17. Dd1 – a1 La8 – b7
18. Da1 – a5 Dg2 – c6

19. d4 – d5 Dc6 – d7
20. Lf4 – e5 Th8 – g8
21. f2 – f4

Und Weiß hat ein besseres Mittelspiel erreicht. Die schwarzen Figuren sind eingeengt und erwarten den Weißen Angriff (Bronstein – Ljawdanski 1965).
Abschließend möchte ich zu diesem von uns gebotenen Variantenkomplex sagen, daß er keine Vollständigkeit in Anspruch nehmen wird. Die Eröffnungstheorie ist ständigem Wandel unterworfen. Die heutigen „Dogmen" werden vielleicht morgen schon wieder in der Praxis widerlegt.
Und das ist gut so!

II. Variantenkomplex

Innerhalb der geschlossenen Abspiele (1. d4) wollen wir uns einem anderen Variantenkomplex zuwenden. In der folgenden Aufstellung überläßt Schwarz seinem Gegner vorerst das Zentrum, das er dann durch Figuren angreift und mit c7 – c5 aufrollen möchte. Die Verteidigung wurde 1922 von Grünfeld im Turnier gespielt und systematisch untersucht und ausgearbeitet. In den letzten Jahren war sie eine große Waffe von Bobby Fischer, der aber auch – so zweimal von Spassky – empfindliche Niederlagen einstecken mußte.
Ich bin selber ein großer Anhänger dieser Verteidigung. Die folgende Partie spielte ich auf einer Simultanveranstaltung mit Schwarz gegen Großmeister Pachmann.

Partie 4

1. d2 – d4	Sg8 – f6
2. c2 – c4	g7 – g6

Die ersten beiden Züge verraten noch nicht, was Schwarz spielen will, denn auch die Königsindische Verteidigung beginnt so.

3. Sb1 – c3	d7 – d5

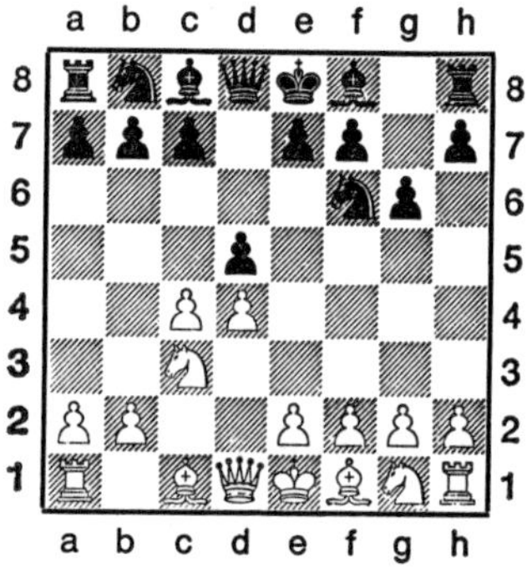

Durch den 3. Zug von Schwarz erhält die Variante ihren Namen. (3. . . . Lg7 Königsindisch). Hiermit läßt Schwarz zunächst den Zug e4 nicht zu. Erst wenn Weiß – wie in der Partie – den Abtausch wählt, wird das Zentrum besetzt.

4. c4 x d5	Sf6 x d5
5. e2 – e4	Sd5 x c3

Alle anderen Antworten sind unzulänglich (z. B. Sb6), weil der eigene Damenflügel versperrt wird. Weiß hat im 4. Zug auch andere Eröffnungsmöglichkeiten wie Sf3, Lg5, Db3, g3, Lf4.

6. b2 x c3 c7 – c5

Oft geschieht hier auch zuerst Lg7. Doch bedeutet dies meistens nur Zugumstellung.

7. Lf1 – c4

Dies ist besser als Lb5 + z. B. Ld7 (oder 7. ... Sc6 8. d5? Da5! 9. Da4 Dc3: + 10. Ke2 Ld7 11. dc: bc: 12. Lc6: Td8 13. Tb1 Dd3 +! ∓) 8. Ld7: + Dd7: 9. Sf3 Lg7 10. 0 – 0 cd: 11. cd: Sc6 12. Le3 0 – 0 = (Kashdan – Aljechin 1932).

7. ... Lf8 – g7
8. Sg1 – e2

Normalerweise steht der Springer auf f3 aktiver, aber hier wird die Fesselung Lg4 vermieden. Der Springer muß die Punkte c3 und d4 überdecken.

8. ... 0 – 0
9. 0 – 0 Sb8 – c6

Hier steht der Springer viel aktiver als auf d7.

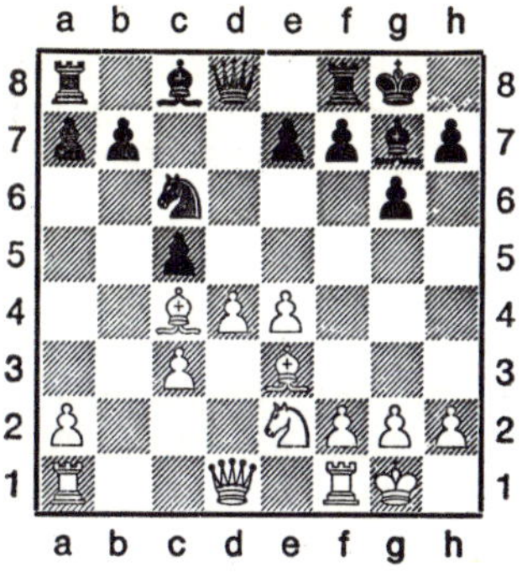

10. Lc1 – e3 c5 x d4

Eine andere Fortsetzung, die häufig vorkommt, ist 10. ... Dc7 11. Tc1 Td8 12. Dd2 Da5 13. Tfd1! b6 14. Lh6 La6 15. La6: Da6: 16. Lg7: Kg7: 17. d5 Das weiße Bauernzentrum kommt zum Tragen und bringt strategischen Vorteil. (Gligoric – Weinstein 1974) oder 12. h3 e6 13. f4 Sa5 14. Ld3 f5 15. De1 b6 16. g4 Lb7 17. Sg3 Dd7 18. gf: cd: 19. fe: De6: 20. f5 (Spassky – Stein 1971)

11. c3 x d4 Sc6 – a5

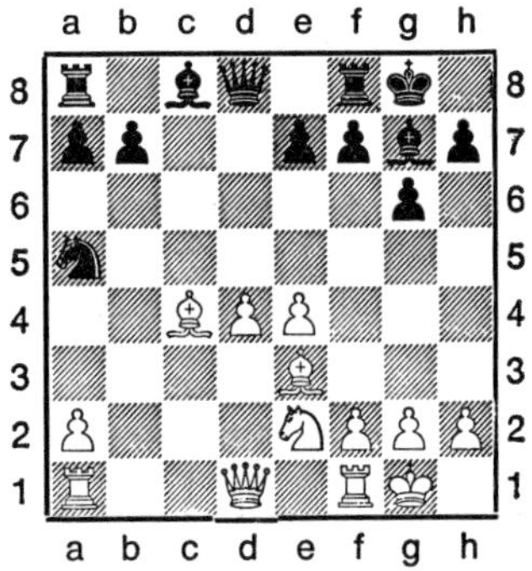

Oft wählt Schwarz eine andere Fortsetzung: 11. ... Lg4 12. f3 Sa5. Hier hat Weiß die Qual der Wahl. a) ein Qualitätsopfer zu bringen: 13. Ld3 Le6 14. d5 La1: 15. Da1: f6 16. Lh6 Te8 17. Kh1 Tac8! (Furman – Suetin 1954)
b) ein Bauernopfer anzubieten:
14. Tc1 La2: 15. d5 e6 16. Da4 Lb3 17. Db4 ed: 18. Tc5 Lc4 19. Lc4: Sc4: 20. Td5: Dd5:! 21. ed: Se3: 22. Tc1 Sd5: = oder 15. Da4! Le6 16. d5 Ld7 17. Db4 e6 18. Sc3! b6 19. La6 Df6! Schwarz bereitet 20. ... Tfd8 und 21. ... Lf8 vor (Spassky – Dueball Dortmund 1973)

c) Aufgabe des Läuferpaars
z. B. 13. Tc1 Sc4: 14. Tc4: Ld7 15. Db3 Da5 16. Sc3 b6 17. Tfc1 e6 18. Tc7 Tfd8 19. Kf2 Tac8 20. Se2 Tc7: 21. Tc7: h6 =

Mit 11. ... Sa5 vermeidet man den gesamten Variantenkomplex.

12. Ta1 – c1

Dieser Zug kommt auch seltener vor als 12. Ld3 b6 13. Tc1 e6 14. Dd2 Lb7 =. Hier gibt Pachmann sein Läuferpaar preis. Literatur findet man hierzu kaum.

12. ...	Sa5 x c4
13. Tc1 x c4	Lc8 – d7

Schwarz läßt zwar eventuell d5 zu, er muß darauf achten, daß Weiß nicht das Feld c7 bekommt. Z. B. 13. ... e6 14. Lf4

14. Dd1 – b3

Da Weiß sein Läuferpaar, das zum Königsangriff nötig ist, hergegeben hat, versucht er dem Schwarzen Angriff am Damenflügel (bedingt durch die Bauernkonstellation 2 – 1) zu begegnen.

14. ...	b7 – b6

Die Schwierigkeiten von Schwarz liegen in der Passivität seiner Dame.

15. Tf1 – c1

Die weißen Figuren haben einen deutlichen Entwicklungsvorsprung. Aber ich löse mit „bescheidenen" Mitteln dieses Problem.

15. ...   Ta8 – c8

Zuerst versuche ich einen Turm zu tauschen. Von den verdoppelten Türmen geht die größte Gefährlichkeit aus.

16. Tc4 x c8   Ld7 x c8
17. Db3 – a3

Auf 17. Dc3 könnte u. a. folgen e6. 18. Dc7 Dc7: 19. Tc7: La6! 20. Sc3 Tc8 21. Ta7: Tc3: 22. Ta6: Ld4:!

17. ...   a7 – a5

Zu überlegen ist auch 17. a6 mit folgendem b5

18. d4 – d5   e7 – e6

Das war die Überlegung bei 17. ... a5. Nach 17. ... a6 wäre d5 nicht gut mit e6 zu beantworten gewesen.

19. Se2 – d4

Mit der Drohung Sc6. Es zeigt sich jedoch, daß der Springer in dieser Stellung zu tauschen ist und sich das „Loch" auf g7 nicht schädlich auswirkt.

19. ...   Lg7 x d4
20. Le3 x d4

Darauf wollte Weiß hinaus. Es droht Dh3 nebst Dh6.

20. ...   e6 x d5

Doch ist Schwarz um einen Zug schneller. Das Feld h3 ist gedeckt und die Umgruppierung von Läufer und Dame zur Mattdrohung kommt zu spät.

21. e4 x d5   Dd8 x d5

22. Ld4 x b6	Lc8 – e6

Und Weiß mußte sich mit einem Remis begnügen. Aber vergessen wir nicht, es war eine Simultanpartie, die dennoch von theoretischem Interesse ist.

III. Variantenkomplex

Wir wollen uns jetzt Systemen widmen, die man als offene Abspiele bezeichnet.
Im 1. Band haben wir schon die Bezeichnungen Spanisch (1. e4 e5 2. Sf3 Sc6 3. Lb5); Italienisch (1. e4 e5 2. Sf3 Sc6 3. Lc4); Caro-Kann (1. e4 c6) und Französisch (1. e4 e6) kennengelernt. Uns interesiert jetzt innerhalb der Spanischen Partie die „Offene Verteidigung". Die folgende Partie wurde von mir mit Schwarz in einem Thematurnier mit verkürzter Bedenkzeit gespielt. Wenn Sie mit dieser Bezeichnung nichts anfangen können, erlauben Sie mir eine kurze Erklärung: Beim Thematurnier (ein inoffizielles Turnier mit Trainingscharakter) einigt man sich auf eine Variante. Hier waren die ersten 5 Züge vorgeschrieben, also schlechthin „der offene Spanier".

Partie 5

1. e2 – e4	e7 – e5
2. Sg1 – f3	Sb8 – c6
3. Lf1 – b5	a7 – a6
4. Lb5 – a4	Sg8 – f6
5. 0 – 0	Sf6 x e4

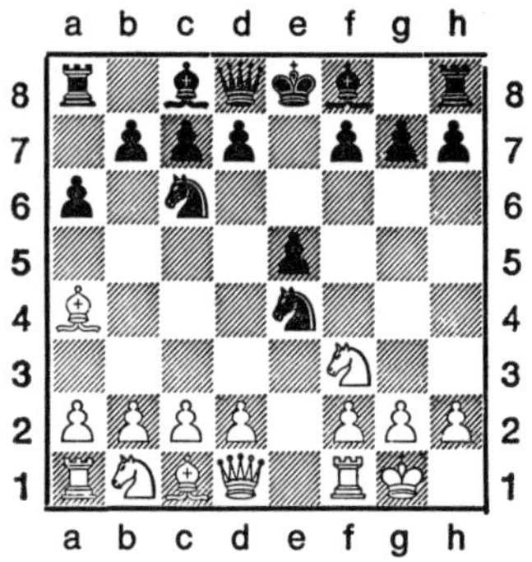

Mit dem Schlagen auf e4 wird die Offene Verteidigung, die zu den schwierigsten Spielweisen gehört, eingeleitet. Meistens begegnet uns jedoch die geschlossene Verteidigung mit 5. ... Le7. Die Analysen von diesem System gehen sehr weit. Oft sind mehr als 20 Züge genau untersucht, obwohl der Kampf meistens nur um einige Zentralfelder geht.
In der geschlossenen Verteidigung muß sich Schwarz auf eine anhaltende Defensive beschränken. Zu Unrecht geriet die Offene Verteidigung in Vergessenheit. Schwarz schlägt den Bauern auf e4, obwohl er weiß, daß er ihn nicht behalten kann. Er will seinen Figuren mehr Spielraum verschaffen, schwächt hingegen seinen Damenflügel. Es entsteht ein scharfer Kampf. Wenn auch diese Abspiele sehr weit ausgearbeitet wurden, finden sich immer wieder Neuerungen. Tarrasch, Euwe, Keres und Larsen haben sich eingehend mit der Offenen Verteidigung befaßt.

6. d2 – d4

Die Hauptfortsetzung. Weiß erreicht weder mit 6. Te1 Sc5 7. Sc3 (7. Se5: Le7 8. Lc6: dc: 9. d4 Se6 10. c3 0 – 0 =) Le7 8. Lc6: dc6: 9.

Se5: = noch mit 6. De2 Vorteil 6. ... Sc5 7. Lc6: dc6: 8. d4 Se6 9. de5: Sd4 10. Sd4: Dd4: 11. h3 Le7 12. Sd2 =

6. ... b7 – b5

Früher wurde auch 6. ... ed4: gespielt. 7. Te1 d5 8. Sd4: Ld6 9. Sc6: Lh2: + 10. Kh1 (Kh2: Dh4 + =) 10. ... Dh4 11. Te4 + de4: 12. Dd8 + Dd8: 13. Sd8: + Kd8: 14. Kh2: Le6 15. Le3 f5 16. Sc3 Ke7 17. g6 18. Kg3 ± (Capablanca – Ed. Lasker 1915)

7. La4 – b3

Wird durchweg gespielt. Man sollte nach 7. d5 nur folgende Fehler nicht machen 7. ... Se7 8. Te1 Sc5 9. Se5: Sa4:? 10. Df3! Besser ist 7. ... ba4: 8. dc6: d6 9. Te1 Sf6 10. c4 Le6 11. Da4: Le7 12. Sc3 0 – 0 ∓

7. ... d7 – d5

Auf 7. ... ed: hat Weiß mehrere Gewinnchancen z. B. 8. Sd4: Sd4: 9. Dd4: Sc5 10. Lf7: +

8. d4 x e5

Auch Se5: ist gespielt worden. 8. ... Se5: 9. de5: c6 10. Le3 Le7 11. Sbd2 Lf5 12. Se4: Le4: =

8. ... Lc8 – e6

Hier stehen Weiß zwei wichtige Möglichkeiten offen. 9. c3 und 9. De2.
Er muß zunächst seine Entwicklung vorantreiben und recht bald seine Rochade machen.
Weiß hat seinen Damenflügel noch nicht entwickelt.

Will er seinen weißfeldrigen Läufer behalten, muß er c3 spielen. Der schwarze Springer auf e4 hemmt seine Aufstellung. Dieser muß getauscht oder verjagt werden.
Doch hat Weiß durch seinen e-Bauern Angriffschancen. Eine große Bedeutung hat das Feld c5. Schwarz kann versuchen zu c7 – c5 zu kommen, um seine Bauernmajorität (4 – 3) zu mobilisieren oder dies Feld durch eine Figur zu besetzen. Er wird auch versuchen e5 zu beseitigen oder mit f6 zu tauschen, um über die offene f-Linie mit dem Turm ins Spiel zu kommen.

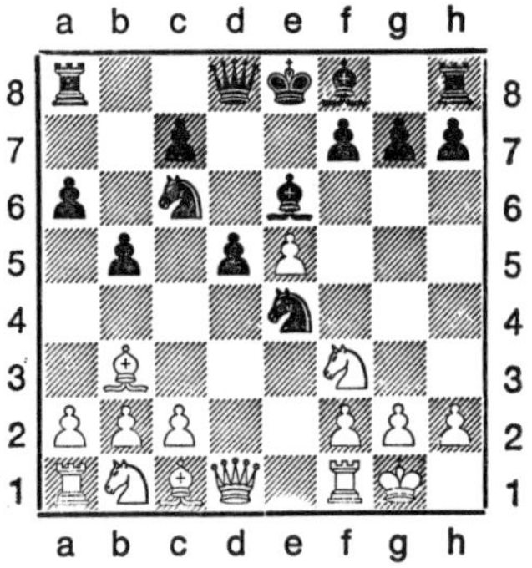

9. c2 – c3

Als Keres und Smyslow 1948 im Kandidatenturnier mit 9. De2 große Siege errangen, verschwand die Offene Verteidigung für einige Zeit aus dem Turniersaal. Aber der Schwede Ekström und B. Larsen haben die schwarze Verteidigung verstärkt.
9. ... Le7 10. Tfd1 0 – 0! 11. c4 bc4: 12. Lc4: Dd7! 13. Sc3! Sc3: 14. bc3: f6 15. ef6: Lf6: 16. Sg5! Lg5: 17. Lg5: h6! 18. Le3 Se5 19. Lb3 Dd6

20. h3 Tae8 mit schwarzen Chancen auf dem Königsflügel (Larsen)

9. ... Lf8 – c5

Viele Theoretiker geben Le7 den Vorrang.
Der Textzug hat Vor- und Nachteile. Le7 schützt das Feld g5 und blockiert nicht den Vormarsch c7 – c5. Lc5 hingegen greift f2 an. Der Druck kann durch eventuelle Öffnung der f-Linie verstärkt werden. Zudem sind die weißen Antworten eher kalkulierbar. De2, Dd3 und Sbd2 können erwartet werden. Auf Le7 hat Weiß mindestens acht gute Fortsetzungen.

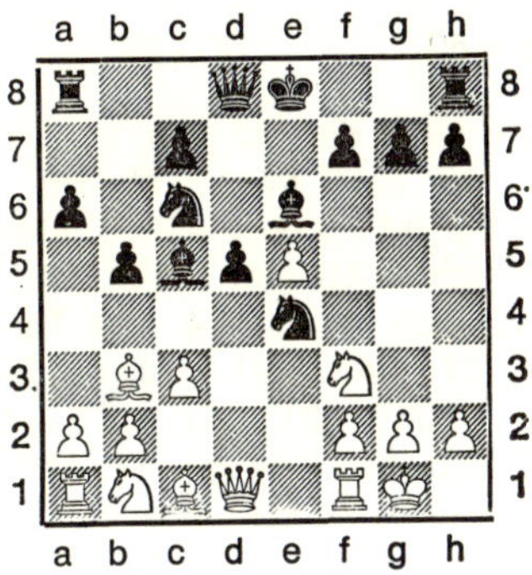

10. Sb1 – d2

Wir wollen bei dieser Stellung etwas verweilen. Durch Nachspielen der anderen Möglichkeiten von Weiß werden wir vertrauter mit dem System.
Ausschalten können wir als Weißer

a) 10. Lf4 wegen g5! 11. Le3 Le3: 12. fe3: g4 ∓
11. Lg3? h5
b) 10. a4 0 – 0 11. ab: ab: 12. Ta8: Da8: 13. Ld5? Td8 14. Lc6 Td1 ∓
c) Sd4 Se5: ∓

Erfolgversprechender sind dagegen folgende Varianten.

I) 10. Dd3 0 – 0 11. Le3 f6 12. ef6: Df6: 13. Sbd2 = 13. Ld5:? Tad8 14. Le6: + De6: und nun 15. Dc2 Tf3: 16. Lc5: Sc5: (Ericson)

II) 10. De2 0 – 0 11. Le3 f6 12. ef6: Df6: 13. Sbd2 Ld6 14. a4 Sd2: 15. Dd2: Se5 16. Se5: De5: 17. f4 Dh5 = (Bertok – Geller 1962) oder 12. Sd4 Ld4: 13. cd4: fe5: 14. de5: De7 15. Sc3 Sc3: 16. bc3: Se5: 17. Ld4 Sc4 = (Gligoric – Unzikker 1961)

10. ...	0 – 0
11. Lb3 – c2	f7 – f5

Schwarz hatte auch die Möglichkeit mit 11. ... Sd2: fortzusetzen. 12. Dd2: f6 13. ef: Tf6 14. Sd4 Sd4: 15. cd: Lb6 16. a4 (Lasker – Rubinstein 1914)
Ein recht kritisches Abspiel ergibt 11. ... Lf5!? 12. Sb3 Lg4! 13. Sc5: Sc5: 14. Te1 Te8 15. Lf4 d4 16. b4 Se6 17. Le4 Dd7! 18. h3 Sf4: 19. hg4: Tad8! 20. Lc6: Dc6: 21. cd4: Dd7 = Larsen)
oder 15. Le3 Se6 16. Dd3 g6 17. Lh6 Se7 18. Sd4 Lf5 19. Sf5: Sf5: 20. Ld2 (Fischer – Larsen 1966)

12. e5 x f6

Oder 12. Sb3 Lb6 13. Sfd4 Sd4: 14. Sd4: Ld4: 15. cd4: f4 16. f3 Sg3 17. hg3: fg3: 18. Dd3 Lf5 19. Df5: Tf5: 20. Lf5: Dh4 21. Lh3 Dd4: + 22. Kh1 De5: 23. Ld2 Doch dürfte diese Variante durch das verschiedene Material (Turm und Läuferpaar gegen Dame und 3 Bauern) nur für sehr geübte Turnierspieler zu empfehlen sein.

12. ...	Se4 x f6
13. Sf3 – g5?	

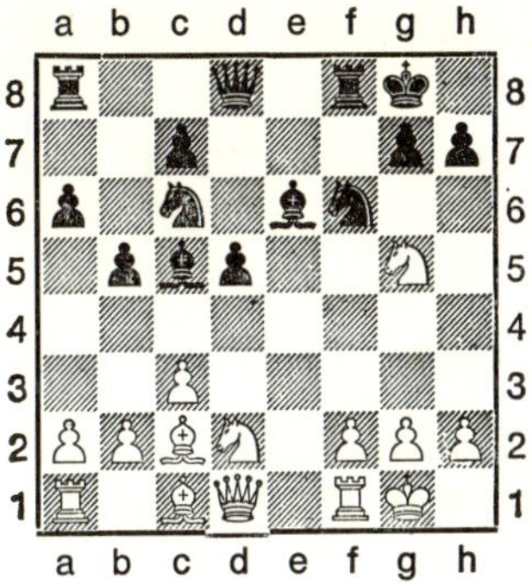

Weiß fällt hier auf einen bekannten Fehler herein. Der Zug sieht gut aus, und ich muß sagen, daß ich bei Unkenntnis dieses Abspiels vielleicht in Verlegenheit gekommen wäre. Richtig ist 13. Sb3 Lb6 14. Sg5 (jetzt richtig) Lg4 15. Lh7: + Kh8 16. Dc2 mit etwas besseren Aussichten für Weiß. (Aber wieder Vorsicht Falle. 16. ... Dd6 17. h3? Lh3: 18. gh3: Sg4!)

13. ...	Le6 – g4
14. Lc2 x h7 +	Sf6 x h7
15. Dd1 x g4	Sh7 x g5
16. Sd2 – b3	Tf8 x f2!

(Nach 16. ... Le7 folgt 17. Lg5: Lg5: 18. De6 + nebst Dc6:)

17.	Sb3 x c5	Tf2 x f1 +
18.	Kg1 x f1	Dd8 – f8 +
19.	Lc1 – f4	Df8 x c5
20.	Dg4 x g5	Ta8 – f8
21.	Ta1 – e1?	

In Zeitnot der entscheidende Fehler auf 21. g3 hätte ich Dc4 + 22. Kg1 d4 usw. gespielt.

21.	...	Dc5 – c4 +
22.	Kf1 – g1	Dc4 x f4
Aufgabe.		

Auf 17. Tf2: hätte ich Lf2: + gezogen 18. Kf2: Se4 + 19. Kg1 Df6 20. Le3 Tf8 nebst Se5 mit Angriff.

Im nächsten Abschnitt zeigen wir einige spannende Partien der letzten Weltmeister. Michael Tal (Sowjetunion) errang 1960 gegen seinen Landsmann Botwinnik einen überzeugenden Sieg und wurde Weltmeister. Seinen Titel verlor er im Revanchekampf wieder an Botwinnik. In allen Turniersälen hatte das Publikum Tal ins Herz geschlossen, da er jede Partie mit wagemutigem Angriffsspiel anlegte.
Nachdem er einige Jahre durch Krankheit zurückgeworfen wurde, hat er zu alter Form zurückgefunden. Auch 1974 errang Tal in Halle einen eindeutigen Turniersieg. Die folgende Partie gegen Dr. Malich (DDR) wurde mit dem Sonderpreis ausgezeichnet, auch wenn sie nur remis wurde. Sie besticht durch gegenseitige Opferangriffe und großartige Verteidigungskünste. Mit dieser Partie wollen wir gleichzeitig unseren **4. Variantenkomplex** behandeln: die Sizilianische Verteidigung.
Tal eröffnet:

Partie 6

1. e2 – e4	c7 – c5

Die Sizilianische Verteidigung ist heute die am häufigsten gespielte Eröffnung. Rund 30% der Partien werden so eröffnet.
Schwarz strebt von Anfang an nach einem gleichwertigen Kampf, sucht im scharfen Gegenspiel seine Chancen. In vielen Turnieren erzielte Schwarz auch tatsächlich ein besseres Resultat als Weiß. Weiß versucht im Zentrum ein Übergewicht zu erlangen und einen erfolgreichen Königsangriff durchzusetzen. Schwarz hat reelle Endspielchancen, da Weiß durch frühzeitige Bauernvorstöße seine Stellung schwächt. Mit 1. ... c5 drückt Schwarz sofort auf den Damenflügel und plant die volle Befreiung durch d7 – d5.

2. Sg1 – f3	e7 – e6
3. d2 – d4	c5 x d4
4. Sf3 x d4	Sg8 – f6
5. Sb1 – c3	d7 – d6

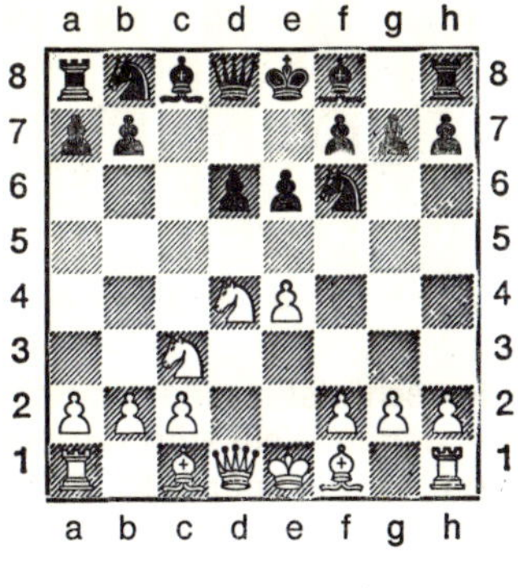

Diese Aufstellung führt den Namen „Scheveninger Variante", die Schwarz zwar zu einer beengten Stellung führt, aber doch voller Möglichkeiten für ein kraftvolles Gegenspiel steckt. Schwarz muß jedoch folgende strategische Fehler vermeiden, wie Boleslawski uns lehrt:

„1. Er darf nicht vor Abschluß der Entwicklung mit leichten Figuren manövrieren.

2. Er darf keinen Vorstoß im Zentrum zulassen, wenn sein Springer f6 kein bequemes Abzugsfeld hat.

3. Er darf dem Gegner nicht gestatten, das Feld d5 zu besetzen.

Wenn es Schwarz gelingt, diesen drei Gefahren zu entgehen, kann er ohne weiteres damit rechnen, das Spiel auszugleichen."

6. g2 – g4

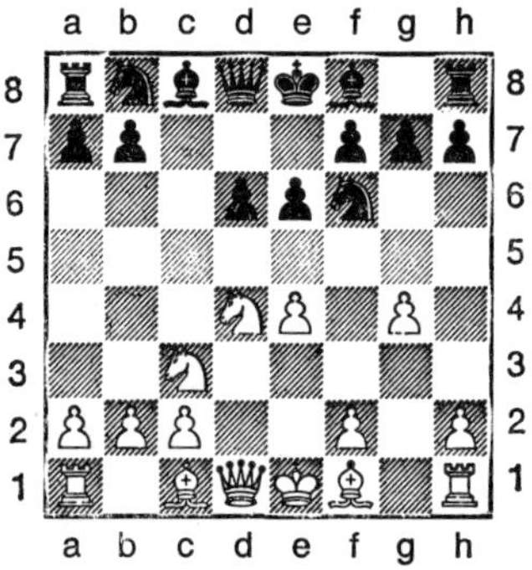

Das ist eine der schärfsten und für Schwarz gefährlichsten Fortsetzungen. Weiß stört durch die Springervertreibung von f6 die normale Entwicklung des Gegners.

Die üblichen weißen Züge sind. 6. Le2 (6. ... a6 7. 0 – 0 Sc6 8. Le3 Le7 9. f4 Dc7) und 6. f4 (.... Sf6 7. Le3 Le7 8. Df3 e5).
Den Textzug führte Keres in die Praxis ein. Die klassische Regel, die besagt, daß ein Flügelangriff mit einem Gegenstoß im Zentrum beantwortet werden soll, kann hier nicht verwertet werden. Z. B. 6. g4 d5? 7. ed: Sd5: 8. Lb5 + Ld7 9. Sd5: ed: 10. De2 + De7 11. Le3 g6 12. Ld7 + Sd7: 13. Sbd5 Se5 14. 0 – 0 – 0 ± (Fischer–Reschewsky 1966) 10. ... Le7 11. Sf5 Kf8 12. Ld7: Sd7: 13. Lf4 Da5 + 14. c3 Te8 15. Se7: Dc5 16. Le3 De7: 17. 0 – 0 – 0 ± (Nikitin – Tscherepkow 1958) oder auf den Vorstoß mit 6. ... e5? folgt 7. Sf5 h5 8. g5 Se4: 9. Sg7: + Lg7: 10. Se4: d5 11. Sg3 h4 12. Sh5 Th7 13. Sg7: + Tg7: 14. Dh5! oder 7. Lb5 + Ld7 8. Ld7: + Dd7: 9. Sf5 und Schwarz hat ein schwaches Feld d5 (sh. Vorbemerkung von Boleslawski).

6. ... a7 – a6

Hier hatte Schwarz eine nicht leichte Wahl zu treffen. Bevor diese Partie gespielt wurde, hatte Dr. Malich eine längere Abhandlung über den Keres-Angriff veröffentlicht, die Tal bekannt sein durfte. Trotzdem entschließt er sich gegen den „Kenner“ diese Variante anzuwenden. Malich hatte 4 mögliche Verteidigungen „interpretiert“:
A) 6. ... Sc6 B.) 6. ... Le7 C.) 6. ... h6 und die Textfortsetzung. A.) 6. ... Sc6 7. g5 Sd7 8. Le3 a6 9. Tg1 Dc7 10. h4 Sa5 11. f4 b5 12. a3 Sc4 13. Lc4: Dc4: 14. Dd2?! (Matulovic – Rubinetti 1968) u. a.
B.) 6. ... Le7 7. g5 Sfd7 8. Le3 a6 9. Dd2 b5 10. 0 – 0 – 0 Lb7 11. f3 0 – 0 12. h4?! b4 13. Sce2 d5 (als eine Möglichkeit, die Malich angibt)

C.) 6. ... h6 7. g5 hg: 8. Lg5: Db6 9. Sb3 a6 10. De2 Dc7 11. 0 – 0 – 0 Sc6 12. f4 Ld7 13. Lg2 Tc8 14. Tde1 b5 15. e5 de: 16. fe: b4 17. Sb5 ab: 18. ef: gf: 19. Le3 Sa5 20. Kb1 Sb3: 21. ab: = (Mednis – Benkö 1972)

6. ... a6 galt lange als nicht vollwertig

7. g4 – g5

Dieser Zug dürfte vollgerichtig sein und besser als 7. Lg2 Le7 8. Le3 0 – 0 9. g5 Sfd7 10. f4 Sc6 11. h4 Sd4: 12. Dd4: b5 13. h5 b4 = (Sawon – Espig 1972)

7. ... Sf6 – d7
8. Lf1 – g2

Um b5 zu vermeiden zog Byrne gegen Spasski 8. a4?! Möglich ist auch 8. Tg1 mit der Fortsetzung 8. ... b5 9. a3 Sb6 10. h4 S8d7 11. f4 Lb7 12. Lg2 Dc7 13. De2 0 – 0 – 0 14. Sb3 Sc4 15. a4 b4 16. Sa2 d5 ∓ (Ostojic – Padewski 1973)

8. ... Sb8 – c6

Dr. Malich nannte vor der Partie auch 8. ... b5 8. ... Da7 und 8. ... Le7 als Möglichkeit, gab aber auch den Textzug als beste Fortsetzung an, auf den Weiß mit 9. 0 – 0 oder f4 antworten könne. Ghizdavu – Hübner 1972: 9. f4 h6! 10. h4 Sb6 11. Dd3 Dc7 12. Le3 hg: 13. hg: Th1: + 14. Lh1: Sb4 15. De2 Sc4 16. 0 – 0 – 0 Se3: 17. De3: Ld7 18. g6! fg: 19. f5 e5

9. h2 – h4?!

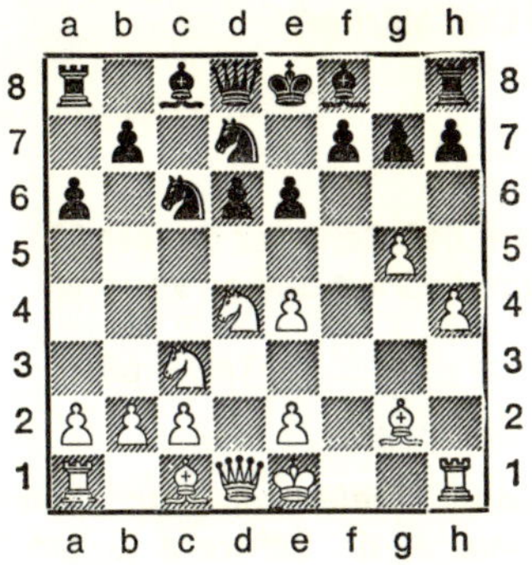

Dieser Zug ist wahrscheinlich erstmals in Nizza 1974 (Rantanen – Jansa) gespielt worden. 9. ... Db6 10. Sb3 Dc7 11. f4 b5 12. Le3 Le7 13. De2 b4 = Ob Tal daher den Zug kannte (?), oder selbst ausarbeitete, weiß man nicht.

9. ...	Dd8 – c7

Dieser Zug scheint „zahmer" zu sein als Db6

10. h4 – h5	Sd7 – e5
11. f2 – f4	

Solche wilden Angriffspartien sah man bei anderen Großmeistern wenig. Im westlichen „Lager" pflegt nur noch Larsen so aggressiv zu spielen.

11. ...	Sc6 x d4

Schwarz versucht durch Figurentausch die Stellung zu entschärfen.

12. Dd1 x d4	Se5 – c6
13. Dd4 – f2	

(Laut Tal ist Dd3 stärker)

13. ...	b7 – b5
14. Lc1 – e3	

Malich gibt an, daß Schwarz besser 13. ... Sa5 spielen konnte, um Le3 mit Sc4 zu vertreiben.

14. ...	Ta8 – b8
15. 0 – 0 – 0	

Ein schwächerer Spieler hätte sicher nicht die lange Rochade gemacht, da Schwarz ja am Damenflügel seine Konterchancen sucht, andererseits kann der König nicht im Zentrum stehen bleiben und die kurze Rochade ist gefährlich, da Schwarz selbst noch nicht rochiert hat.

15. ...	Sc6 – a5
16. e4 – e5	d6 – d5

Malich gibt noch die interessante Zugfolge an: 16. ... de: 17. La7 Le7! Aber Weiß setzt besser mit 17. fe5: fort.

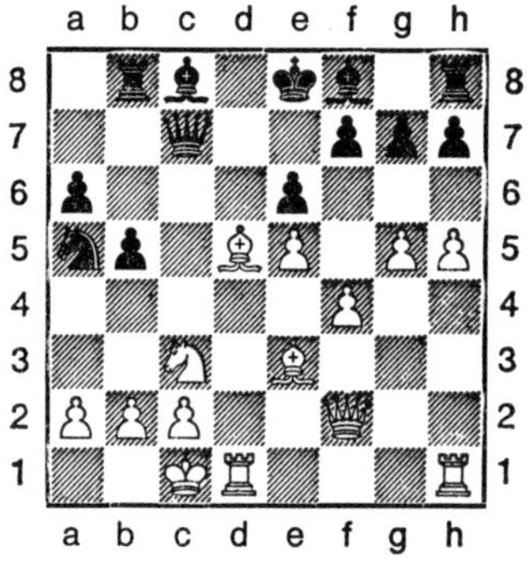

17. Lg2 x d5!?

Hier pflegt man auch zu sagen: Das war Tals Geschoß.

17. . . . b5 – b4!

Nach ed: dürfte der weiße Angriff durchschlagen.

18. Sc3 – e4 e6 x d5
19. Se4 – d6 + Lf8 x d6
20. e5 x d6

Diese Stellung hatten beide Spieler vorhergesehen (Malich).

20. . . . Dc7 – c6

Auf Dd6: folgt Lc5
20. . . . Db7 21. Ld4 oder f5. Malich gibt an, daß für Weiß in beiden Fällen durch die Drohungen gegen g7 oder die Öffnung der schwarzen Diagonale mit h6 oder f6 gefährliche Angriffschancen bestünden.

21. f4 – f5

Noch eine interessante Variante:
21. La7 0 – 0! 22. Lb8: Lf5 23. Lc7 b3 24. ab: Sb3: + 25. Kb1 Da4∓

21. . . . 0 – 0
22. f7 – f6! b4 – b3!

Hier zeigen große Meister ihres Fachs, wie aktiv, scharf und schön Schach gespielt werden kann.

Leicht konnte Schwarz wieder straucheln, wenn er 22. . . . g6 gespielt hätte. Wir geben Malich wieder: 23. hg6: fg6: 24. Th7: Kh7: 25. Dh4 + Kg8 26. Th1 Kf7 25. Dh7 + Ke6 28. De7 + nebst Matt.

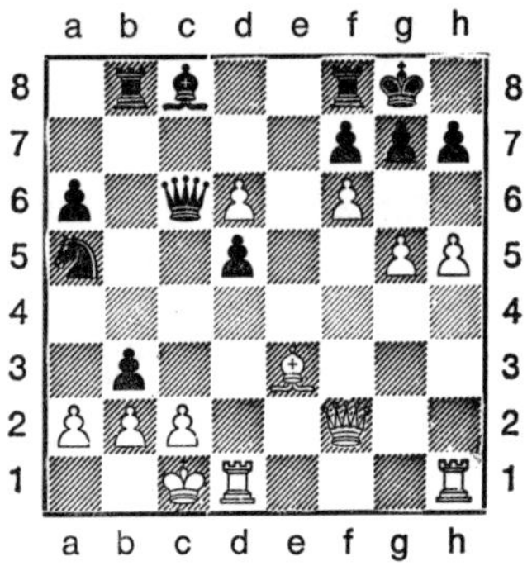

23. a2 x b3	Sa5 x b3 +
24. Kc1 – b1	Dc6 – a4!
25. c2 x b3	

Wegen Matt auf a1 erzwungen.

25. ...	Da4 – e4 +

Nach 25. ... Db3: hätte Schwarz Schwierigkeiten. 26. Ld4 g6 27. hg: fg: 28. De3 Lf5 + 29. Ka1 Da4 + 30. Da3 (Malich)

26. Kb1 – a2	Tb8 – b5?

Schwarz will natürlich Matt drohen, doch meint Malich, daß unbedingt 26. ... d4! geschehen mußte.
27. Ld4: Le6 28. fg7: Lb3: 29. Ka1 Tfc8 ∓
27. fg7: Te8 28. Ld4: Le6 29. Dg3 Lb3: + 30. Db3: Tb3: 31. Kb3: = (29. d7? Lb3: + 30. Ka1 Te5) Daß nicht alles gesehen wurde, führt Malich auf die „tickende Schachuhr“ zurück.

27. Le3 – c5!

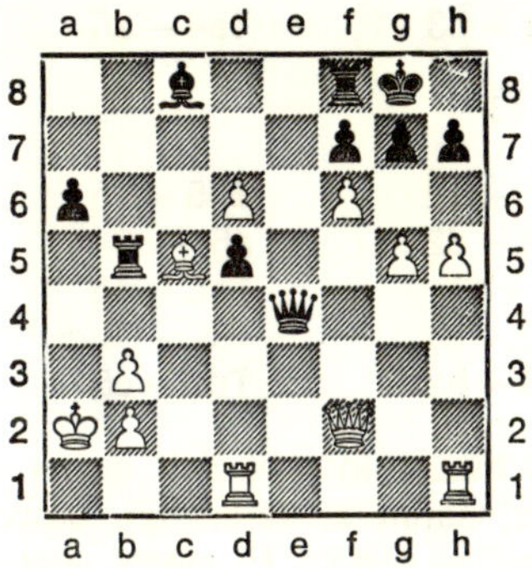

Jetzt folgen Hieb und Gegenhieb!
(27. Ld2 Tb3:!? 28. Kb3: Ld7)

27. . . .	d5 – d4!
28. Df2 x d4	De4 – c2

Angriff gegen b3 und Lc5. Wir müssen aber auch den Zug d7 im Auge behalten.

29. Dd4 – c4	Dc2 x c4
30. b3 x c4	Tb5 x c5
31. d6 – d7	Lc8 x d7
32. Td1 x d7	Tc5 x c4

Malich macht hier noch einmal auf die Zeitnot aufmerksam, so daß die nächsten Züge unter diesem Aspekt zu sehen sind. Es mußte stets h5 – h6 befürchtet werden.

33. Td7 – d6	Tc4 – a4 +
34. Ka2 – b1	

Vielleicht wäre 34. Kb3 Ta5 35. h6 stärker.

34. . . .	g7 x f6
35. g5 x f6	h7 – h6

36. Th1 – h3	Ta4 – a5

Es drohte Ta3

37. Kb1 – c2	Ta5 – c5 +
38. Kc2 – d2	a6 – a5
39. b2 – b3	Tc5 – g5
40. Kd2 – c3	Tf8 – c8 +
41. Kc3 – b2	Tc8 – c5

Nachdem Schwarz in der Zeit seine 40 Züge geschafft hatte, nahm er remis an, obwohl er etwas besser zu stehen glaubt. Er macht noch die Angabe: 42. Td8 + Kh7 43. Tf8 Th5: 44. Tg3 Thg5.
Sie können sich vorstellen, lieber Leser, daß die Angaben und Analysen nicht vollständig sein können. Sie werden immer wieder selber Beispiele aus der Turnierpraxis heranziehen müssen, um die ganze Problematik solcher Varianten besser begreifen zu können.

Von Exweltmeister Boris Spasski sahen wir folgende schöne Kurzpartie bei der 41. UdSSR-Landesmeisterschaft 1974. Erst in diesem Turnier konnte man die alte Spielstärke Spasskis wiedererleben.
Die Titelkampfniederlage gegen Fischer hatte Spasski weit zurückgeworfen. Dieses Turnier gewann er mit 1 Punkt Vorsprung vor Karpow, Kortschnoj, Petrosjan u. a.

Partie 7

B. Spasski – N. Raschkowski

1. e2 – e4	c7 – c5
2. Sg1 – f3	d7 – d6

Mit dem 2. Zug von Schwarz gelangen wir in andere Abspielsysteme der Sizilianischen Verteidigung.

3. d2 – d4	c5 x d4
4. Sf3 x d4	Sg8 – f6
5. Sb1 – c3	a7 – a6

Diese Zugfolge ist zu einem eigenen System ausgearbeitet worden. Wir sprechen von dem „System mit 2. .... d6 und 5. .... a6“ oder von der „Najdorf-Variante.“ Diese Variante gehört ebenfalls zu den schärfsten und vielseitigsten Aufstellungen in der Sizilianischen Verteidigung.
Auch hier erleben wir oft entgegengesetzte Rochaden und beiderseitige Bauernstürme.

6. Lc1 – g5	e7 – e6

Das ist die Hauptfortsetzung.

7. f2 – f4

Hier hat Weiß auch die Fortsetzung 7. Df3 zur Verfügung, die früher populärer war. Weiß gibt sehr früh zu erkennen, daß er lang rochieren will und einen Vorstoß mit dem g-Bauern anstrebt. Viel dynamischer ist aber der Textzug.

7. ...	Dd8 – c7

Oft geschieht 7. ... Le7 mit Fortsetzungen wie 8. Df3 h6 9. Lh4 g5 10. fg: Sfd7 11. Se6: fe: 12. Dh5 + Kf8 13. Lb5! Kg7 oder 11. Lg3 Se5 12. Dh5 Lg5: 13. Le2 Db6 14. Le5:! de: 15. Sf3 Db2: Aber auch 7. ... Sbd7 und 7. ... b5 wurden gespielt. Dramatisch verliefen die Weltmeisterschaftspartien Nr. 7 und 11 zwischen Spasski und Fischer, in denen jeweils 7. ... Db6 gespielt wurde. In beiden Partien kam es zum vieldiskutierten Bauernraub auf b2.

8. Lf1 – d3

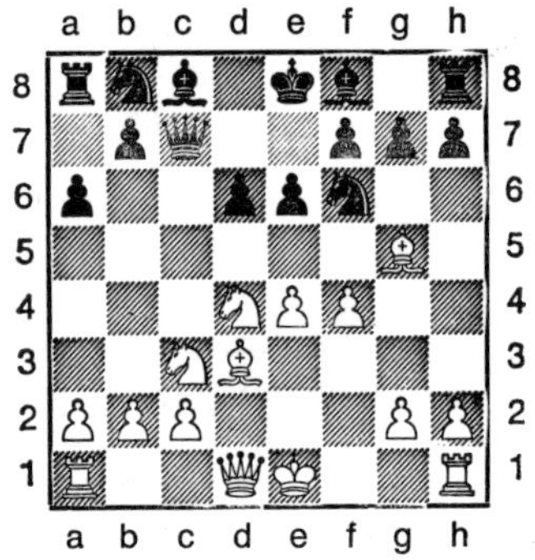

Boleslawski empfiehlt hier mit 8. Df3 fortzusetzen. 8. Lf6: gf6: 9. f5? Sc6 10. Le2 Db6! 11. Sb3 De3 12. Sd2 Se5 13. Sf1 Db6 ∓

8. ...	Sb8 – d7
9. Dd1 – e2	

9. Df3 versuchte Spasski im gleichen Turnier gegen Tukmakow.

9. ...	b7 – b5
10. 0 – 0 – 0	Lc8 – b7
11. Th1 – e1	Lf8 – e7
12. e4 – e5!	

(sh. Diagramm S. 49)

Schärfer als der „Sicherheitszug" 12. Kb1.

12. ...	d6 x e5
13. f4 x e5	Sf6 – d5
14. Lg5 x e7	

Für Angriffsspieler empfiehlt sich auch 14. Se6: fe: 15. Dh5 + g6 16. Lg6: + hg6: 17. Dg6: +

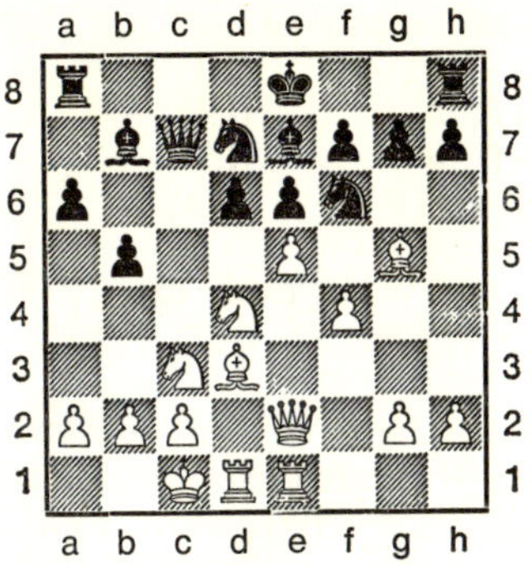

14. . . .	Sd5 x c3
15. De2 – g4!	Sc3 x d1
16. Sd4 x e6	Dc7 – c6

16. fe:? 17. Ld6 Dc6 18. De6: + Kd8 19. De7 +

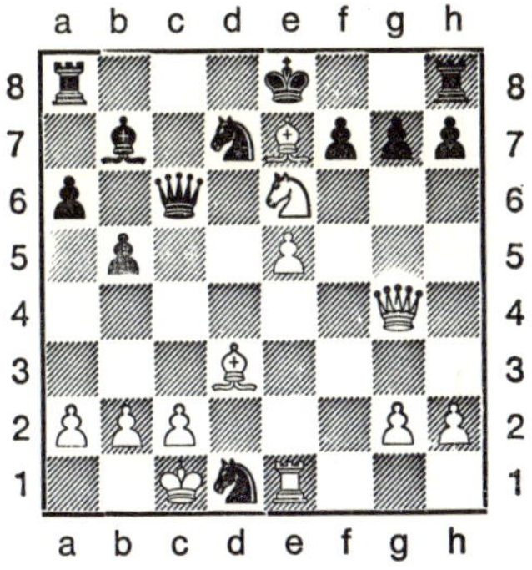

17. Se6 x g7 +!	Ke8 x e7
18. Dg4 – g5 +	f7 – f6

Auf 18. ... Kf8 wäre 19. Sf5 Sc5 20. e6 gefolgt.

19. e5 x f6 +	Ke7 – d8
20. f6 – f7 +	Kd8 – c7
21. Dg5 – f4 +	Aufgabe

Statt 20. ... Kc7 verlor auch 20. ... Df6 21. Se6 + Ke7 22. Sc5 + Kd8 23. Sb7: + Kc7 24. Df6: Sf6: 25. Te7 +

Man wird diese Variante von Schwarz überdenken müssen. Spasski zeigte eine überzeugende Leistung. Auch die nächste Partie gehört zum Sizilianischen Komplex. Sie wurde in Hastings 1971/72 zwischen Karpow (UdSSR) und R. Byrne (USA) gespielt. Beide waren zwar noch keine Weltmeister, doch ist Karpow 1975 Herausforderer von Fischer. Vielleicht ist er bei Erscheinen dieses Buches schon Champion). 1973 und 1974 wurde er von der Presse mit dem Schachoscar als bester Spieler des Jahres ausgezeichnet. R. Byrne scheiterte erst im Kandidatenturnier an Exweltmeister Boris Spasski mit 0 – 3 (bei 3 Remispartien).

Partie 8

Karpow eröffnet:

1. e2 – e4	c7 – c5
2. Sg1 – f3	Sb8 – c6

Bisher behandelten wir 2. ... e6 und 2. ... d6

3. d2 – d4	c5 x d4
4. Sf3 x d4	Sg8 – f6
5. Sb1 – c3	d7 – d6
6. Lc1 – g5	

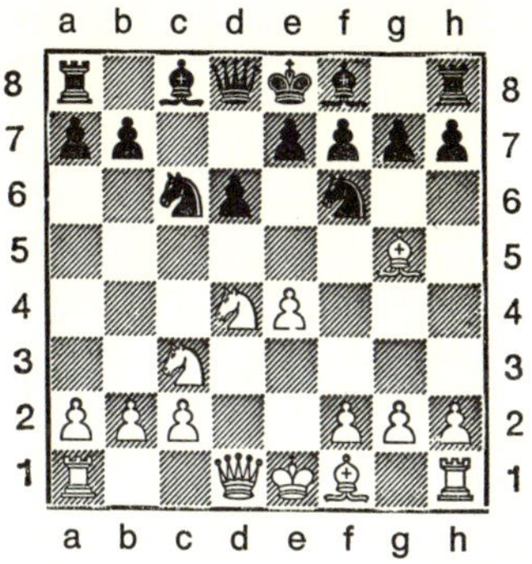

Diese Aufstellung ist unter dem Namen Rauser-System bekannt. Die Aufstellung des Läufers auf g5 charakterisiert dieses System.

Es geht im Laufe der Partie um den Druck auf d6. Meistens geschieht die lange Rochade. Doch spielen positionelle Methoden bei diesem Aufbau eine weitaus größere Rolle als bei den anderen behandelten Varianten. Die Entscheidung bringt hier nicht immer der „Sturm auf die Bastille" mit stürmischen Bauernvorstößen. Das Rausersystem ist heute so weit verzweigt, daß es nicht gelingt, anhand dieser Partie, auch nur annähernd die Varianten aufzuzeigen. Boleslawski beispielsweise teilt das System in 32 (!) Varianten ein.

6. . . . Lc8 – d7

Eine in den letzten Jahren häufig anzutreffende Abwicklung. Der Tausch auf f6 ist ungefährlich. Auf 6. . . . Db6 zieht Weiß einfach Sb3.

Die Hauptfortsetzung lautet 6. . . . e6 7. Dd2 Le7 8. 0 – 0 – 0 0 – 0 9. f4 d5 (Eine von vielen Möglichkeiten) 10. e5 Sfd7 11. Le7: De7: 12. Sf3 Sb6 13. Ld3 Ld7 14. De1 (droht Lh7: +) 14. . . . h6 15. g4 f6 16. h4 Db4 17. Se2 De1: 18. Te1: fe: 19.

Se5: Se5: 20. fe: Tf3 21. b3! mit der Drohung 22. g5. Besser als in der Partie Suetin – Wasjukow 1967 geschah. Dort erlangte Schwarz nach 21. g5 Tc8! 22. Kb1 Sc4 gutes Gegenspiel. Schwarz hat aber andere gute Entgegnungen im 9. Zug. Z. B. 9. ... e5. Hierbei geht es um die schnelle Entwicklung des Lc8. Es kann folgen: 10. Sf3 Lg4 11. Le2 Tac8 12. Kb1 Lf3: 13. gf: Sd4 14. Tg1 Kh8. Eine oft auftretende Fortsetzung bringt: 9. ... Sd4: 10. Dd4 Da5 11. Lc4 (am besten) Tfd8 12. Thf1! Ld7 13. f5 Tac8 14. Lb3 Dc5 15. Dd3 ±

7. Dd1 – d2

Dieser Zug hat sich nach vielen anderen Versuchen durchgesetzt. Z. B. 7. Lf6: gf: 8. Sf5 Da5 9. Lb5 a6 10. Lc6: bc: 11. Dd3 Tg8 12. 0 – 0 Lf5: 13. ef: Tg5 14. Tfc1 Kd7 15. Se4! Df5: 16. Db3 ± (Adorjan – Radulow 1960). Allerdings mußte Schwarz besser mit 11. ... d5 fortsetzen. 12. ed: cd: 13. Dd5: Dd5: 14. Sd5: Lf5: 15. Sc7 + Kd7 16. Sa8: Kc6 ∓ (Boleslawski). Nach 7. Le2 folgt 7. ... Da5 8. Lf6: gf: 9. Sb3 Dg5 10. Sd5 Tc8? (0 – 0 – 0!) 11. 0 – 0 Tg8 12. g3 f5? 13. f4 Dg7 14. e5! de: 15. Sc5 Sd4 16. Sd7: Tc2: 17. Tf2! ef: 18. S7 f6 + ef: 19. Lb5 + Kd8 20. Tc2: fg: 21. Dd4 (Sheljandinow – Zereteli 1967) Auf 7. f4 folgt 7. ... Db6 8. Sb3 Sg4! 9. Dd2 De3 + 10. De3: Se3: 11. Tc1 Sf1: 12. Kf1: Tc8
9. De2 Sd4! 10. Sd5 Se2: 11. Sb6: ab: 12. Ke2: h6 13. Lh4 g5! ∓

7. ... Ta8 – c8

Ein Zug, der früher schon gespielt wurde, und dem ein späteres Qualitätsopfer zugrunde liegt, aber nicht befriedigen dürfte. Schwarz muß erst versuchen, die Stellung weiter auszubauen und auszugleichen.

Wir wollen andere Möglichkeiten untersuchen.

A.) 7. ... a6 8. 0 – 0 – 0 Tc8 9. f4 h6 10. Lf6: gf: 11.Le2 h5 12. Kb1 e6 13. Thf1 b5 14. Sc6: Tc6: 15. Lf3 Tc5 16. f5 ± (Spasski – Bilek 1967)

B.) 7. ... a6 8. 0 – 0 – 0 b5 9. Sc6: Lc6: 10. De1 Da5 11. Kb1 e6 12. f4 Tc8 13. Lf6: gf: 14. f5 ±
Auch 7. ... Db6 8. Sb3 a5 9. Le3 Dd8 10. Sd5 Sd5: 11. ed: Se5 12. a4 g6 13. Ld4 f6 14. f4 (Gufeld – Damjanovic 1969) erwies sich als für Weiß günstig.
Vielleicht ist 7. ... Sd4: noch am besten. 8. Dd4: Da5 9. Ld2 e5 (oder 9. ... Dc7 10. Lc4 e6 11. Lb3 Le7 = R. Byrne – Benkö 1970) 10. De3 [Dd3! h6 11. Sd5 Dd8 12. Sf6: + Df6: 13. Db3 Lc6 14. Lb5 De7 15. a4! (besser als 15. 0 – 0 Lb5: 16. Db5: + Dd7 17. Dd7: + Kd7: = Wasjukow – Taimanow 1970) 15. ... a6 16. Ld3 g6 17. 0 – 0 Lg7 18. f3 0 – 0 19. Lc4 Mit weißem Übergewicht].
10. ... Dc7. So entzieht Schwarz seine Dame möglichen Angriffen.

Abschließend kann gesagt werden: Schwarz darf den 7. Zug noch lange in der Praxis prüfen.

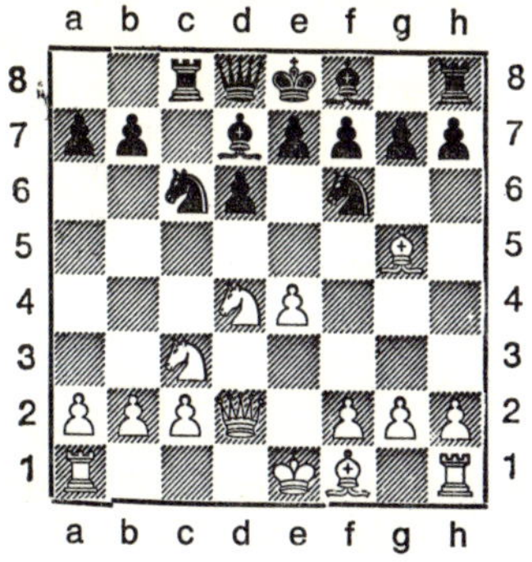

8. 0 – 0 – 0

Auch 8. f4 wurde versucht. Nach 8. ... Sd4: 9. Dd4: De5 folgt 10. e5!

8. ...	Sc6 x d4
9. Dd2 x d4	Dd8 – a5

Versucht wurde: 9. ... Tc3: 10. Dc3: Se4: 11. De3 Sg5: 12. Dg5: Db6 13. Lc4 e6 14. Dg3 g6 15. Lb3 Le7 doch mußte Weiß besser mit 10. bc: Da5 11. Lf6: gf 12. Lc4 fortsetzen ±

10. f2 – f4 h7 – h6

Eigentlich ist das Qualitätsopfer Tc3: folgerichtig und entspricht dem bisherigen schwarzen Aufbau. Über seine Korrektheit hingegen besteht immer noch Unklarheit. Der Textzug dürfte eigentlich dem Versuch, das Spiel noch zu vereinfachen, nicht mehr gerecht werden. 10. ... Tc3: 11. bc: (11. Dc3:? Dc3: 12. bc: Se4: 13. Lh4 g6 14. Le1 Lg7 15. Kb2 0 – 0 16. Ld3 Sc5 17. Ka3 Tc8∓ (O'Kelly – Radulow 1969). 11. ... e5 12. Db4! Db4: 13. cb: Se4: 14. Lh4 g5! 15. fg: Le7 16. Te1 d5 17. Ld3 h6 (Unzicker – Gheorghiu 1969). Jetzt mußte besser: 18. Le4: de 19. Te4: hg: 20. Lg3 f6 21. c3 folgen (Boleslawski) Auch 14. ... f5 wurde versucht 15. fe: g5 16. Le1 de: 17. Lc4 mit besseren weißen Chancen.
Interessant ist auch noch 10. ... e6 11. e5 de: 12. fe: Lc6 13. Lb5 Sd5 14. Sd5: Lb5: 15. Da7:! Lb4! 16. Da5: La5: 17. b4 ed: 18. ba: = (Hort – Panno 1970)

11. Lg5 – h4 g7 – g5

Soweit dürfte den Kontrahenten die Stellung aus der Partie R. Byrne – Mestrovic 1971 bekannt gewesen sein. Karpow zielt auf eine Widerlegung des schwarzen Aufbaus mit dem nächsten Zug hin.

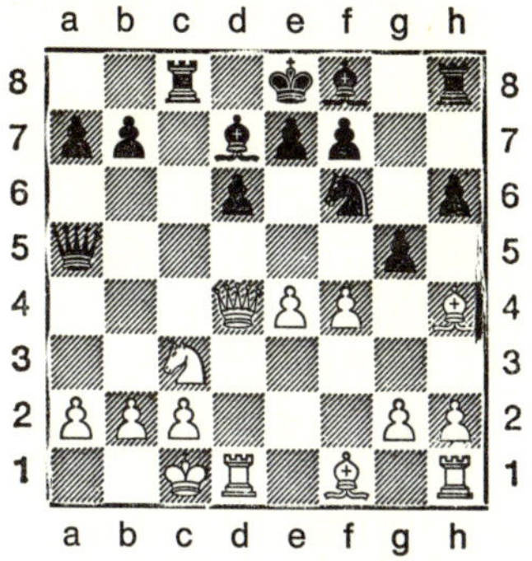

12. e4 – e5!

In der o. g. Partie geschah weiter: 12. Le1 Lg7 13. g3 Lc6 14. Lh3 0 – 0! 15. Lc8: Se4: 16. Se4: Da2: 17. Dg7: +? (Gligoric führt (13. g3?) 13. e5! an) Auch 17. Db4 Tc8: 18. Sf2 a5 19. Db6 La4! 20. c3 Tc3: + 21. Kd2 Dd5 + gewinnt für Schwarz.

12. ... g5 x h4

Auch 12. ... Lg7 ist nicht besser. 13. Le1 Sh5 14. Sd5! Da2: 15. Se7:! Da1 + 16. Kd2 Tc2: + 17. Kc2: La4 + 18. b3 Da2 + 19. Kc1 Lb3: 20. Td2 Da3 + 21. Tb2 ± (Gligoric)

13. e5 x f6 e7 – e6
14. Lf1 – e2 Ld7 – c6
15. Th1 – e1 Th8 – g8

15. ... Lg2:? 16. Lg4 mit den Drohungen 17. Le6: fe: 18. f7 + und 17. f5
oder 16. Lb5 + Lc6 17. f5 Lb5: 18. fe6: fe6: 19.

Te6: + Kd8 20. Te7 Tc7 21. Dd6: +

16. Le2 – f3	Ke8 – d7
17. Te1 – e5	Da5 – b6
18. Dd4 x b6	a7 x b6
19. Lf3 – h5!	Tg8 x g2
20. Lh5 x f7	Tg2 x h2
21. Lf7 x e6 +	Kd7 – c7
22. Te5 – e3	Tc8 – d8
23. Sc3 – d5 +!	Lc6 x d5

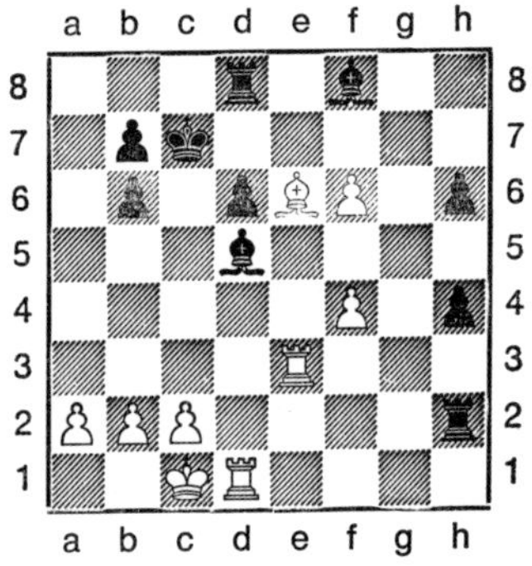

Ein günstiger Abtausch für Weiß, da Schwarz den unbeweglichen Lf8 übrig behält.

24. Td1 x d5	Th2 – f2
25. f4 – f5	h6 – h5
26. Te3 – c3 +	Kc7 – b8
27. a2 – a4	Tf2 – f4

Oder 27. ... Lh6 + 28. Kb1 Lf4 29. f7 Le5 30. Te5:! de: 31. Tc8 +! (Gligoric)

28. Tc3 – a3	Tf4 – g4

29. a4 – a5	Lf8 – h6 +
30. Kc1 – b1	b6 x a5
31. Td5 x a5	

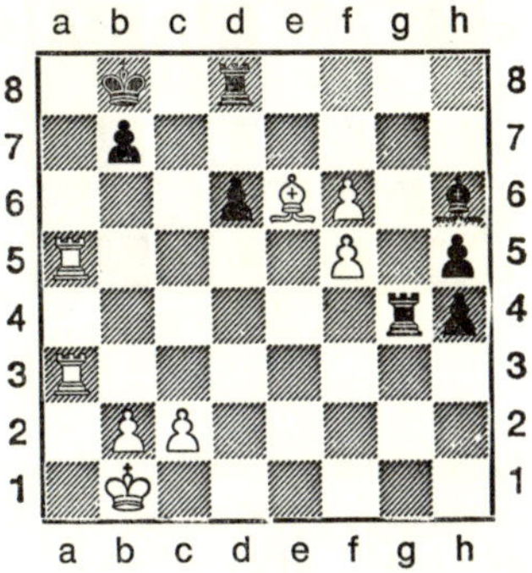

Es droht 32. Ta8 + Kc7 33. Tc3 (Turmgewinn)

31. ...	Kb8 – c7
32. Ta5 – b5	Tg4 – g3
33. Ta3 – a7	Td8 – b8
34. Le6 – d5	Tg3 – g1 +
35. Kb1 – a2	Tg1 – f1

Schwarz hat nur noch Verzweiflungszüge.

36. Ta7 x b7 +	Tb8 x b7
37. Tb5 x b7 +	Kc7 – d8
38. Ld5 – e6	h4 – h3
39. Tb7 – d7 +	Kd8 – e8

Sh. Diagramm nächste Seite

40. Td7 – c7!

Und das Matt auf c8 ist nicht mehr zu parieren.

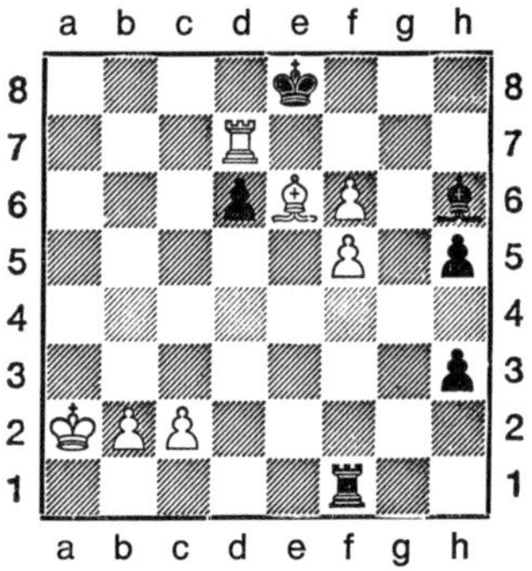

Im **5. Variantenkomplex** stellen wir einige Abspiele der Königsindischen Verteidigung vor, da sie in Turnieren ebenfalls häufig anzutreffen ist. Zugrunde legen wir eine Partie von Fischer, die er mit schwarzen Steinen 1967 in Skopje gegen Cholmow (UdSSR) spielte und immerhin selbst zu seinen besten Partien zählte. Über Weltmeister Fischer ist an allen Stellen soviel geschrieben worden, daß wir uns hier gleich der Partie widmen wollen.

Partie 9

1. d2 – d4	Sg8 – f6
2. Sg1 – f3	g7 – g6
3. g2 – g3	

Meistens spielt Weiß im 2. Zug c4, um in eine größere Anzahl von Varianten einlenken zu können.

3. ...	Lf8 – g7

4. Lf1 – g2	0 – 0
5. 0 – 0	d7 – d6
6. Sb1 – c3	

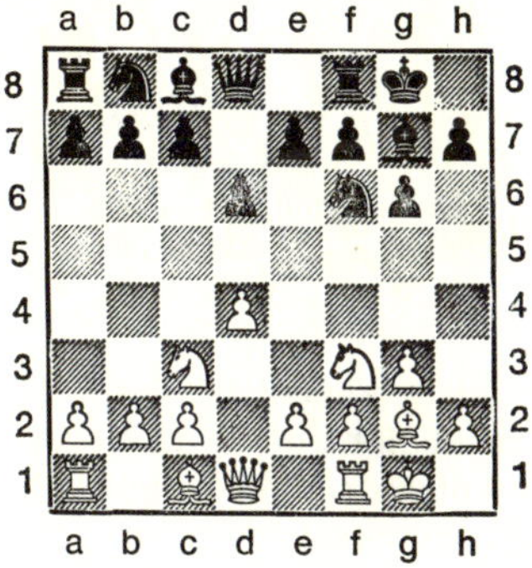

Diese Variante ist für Weiß zu passiv. Auf dem sonst charakteristischen Bauernkeil (c4, d5, e4) wird hier verzichtet.

6. . . .	Sb8 – d7
7. b2 – b3	

Weiß hat hier offensichtlich nur Remis-Pläne, während Fischer den Sieg anstrebt.

7. . . .	e7 – e5

Schwarz versucht sich deshalb schnell zu befreien.

8. d4 x e5	d6 x e5
9. e2 – e4	Tf8 – e8
10. Lc1 – a3	

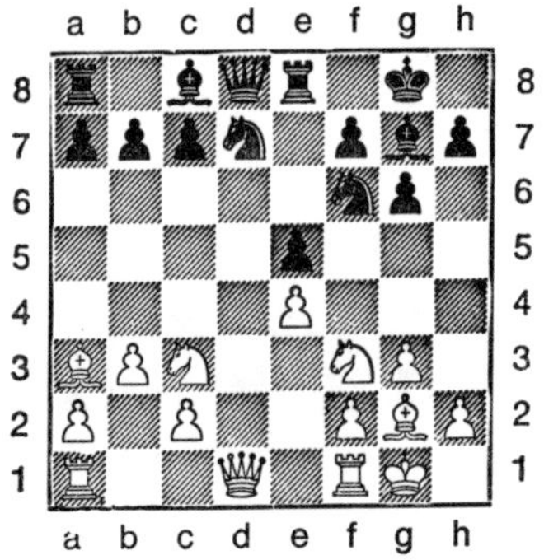

Etwas unverständlich sucht Weiß auf der Diagonalen a3 – f8 seinem Läufer Felder zu geben. Besser war dann schon a4 einzuschalten, damit der Läufer nicht späterem Da5 ausgesetzt ist.

10. ... c7 – c6
11. La3 – d6?

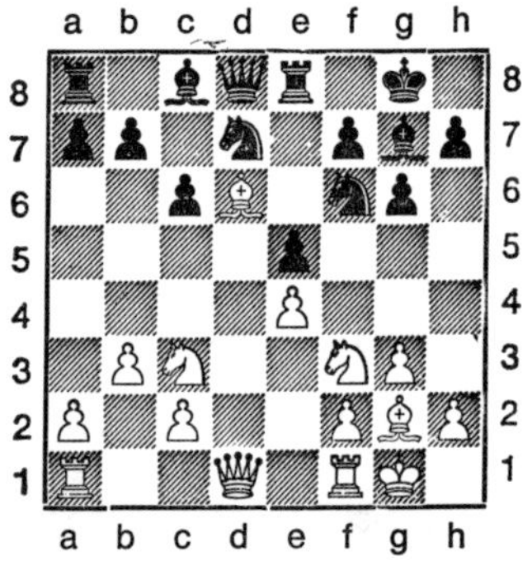

Zu diesem Fehler hat Fischer seinen Gegner verleitet. Weiß wollte das Wirkungsfeld von Schwarz einengen und gegen e5 drücken. Besser 11. De2 um die d-Linie für die Türme freizumachen.

11. . . .		Dd8 – a5!

Dieser Zug ist in vielen Stellungen ein normales Befreiungsmanöver. Hier verursacht er im Weißen Lager schon ein Chaos.

12. Dd1 – d3		Te8 – e6!

Nun kann Weiß Materialverlust nicht mehr verhindern.

13. b3 – b4		Da5 – a3!

Es droht wieder Td6: und Schwarz bekommt zwei Figuren für den Turm.

14. Ld6 – c7		Da3 x b4
15. Ta1 – b1		Db4 – e7!

15. . . . Df8? 16. Sg5 Te7 17. Ld6

16. Tf1 – d1

16. Sg5? Sc5

16. . . .		Sf6 – e8
17. Lc7 – a5		Te6 – d6
18. Dd3 – e2		Td6 x d1 +
19. De2 x d1		Lg7 – f8
20. Sf3 – d2		De7 – a3!
21. Sd2 – c4		Da3 – c5
22. Lg2 – f1

Die schwarze Dame stiftet soviel Verwirrung in den weißen Reihen, daß alle Figuren umdisponiert werden müssen.

22. . . .		b7 – b5

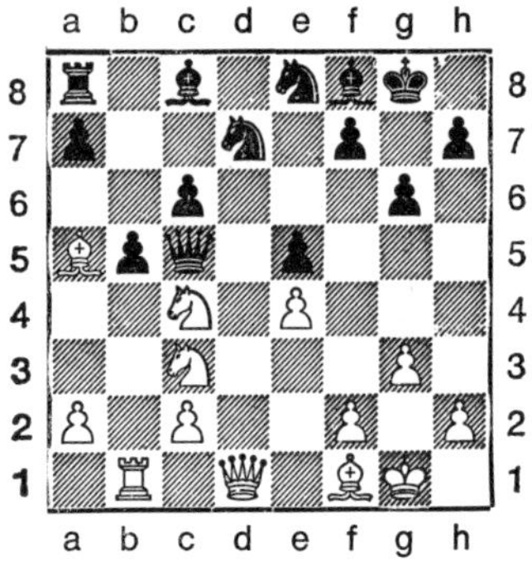

23. Sc4 – d2

Auf 23. Lb4 folgt Dd4 mit Figurenverlust.

23. . . .	Dc5 – a3
24. Sd2 – b3	Sd7 – c5
25. Lf1 x b5	

Fischer gibt noch folgende Züge an: 25. Ld8 Se6! 26. La5 Sd6∓

25. . . .	c6 x b5
26. Sc3 x b5	Da3 – a4
27. Sb3 x c5	Da4 x a5
28. Dd1 – d5	Ta8 – b8
29. a2 – a4	Lc8 – h3!
30. Dd5 x e5	Tb8 – c8
31. Sc5 – d3	Da5 x a4
32. Sd3 – e1	a7 – a6

Weiß gibt auf, er hat eine Figur weniger und findet auch für Sb5 kein geeignetes Feld mehr.
33. Sc3 Dc4 33. Sd4 Lg7 33. Sa7 Tc7
34. Ta1 Dd7 35. Ta6: Ta7: 36. Ta7: Da7: 37. De8: Da1 führt zum Matt (Fischer).

Auch in der nächsten Partie zeigt uns Weltmeister Fischer, wie man mit Schwarz erfolgreich die Königs-Indische Verteidigung anwendet. Sein Gegner ist der berühmte Dänische Großmeister Bent Larsen. Als vor Jahren die Sowjetunion gegen den „Rest der Welt" spielte, verursachten diese beiden Spieler vor dem Kampf einigen Ärger, da jeder das Brett 1 spielen wollte.

Die folgende Partie wurde 1967 in Monaco gespielt. Das charakteristische Merkmal dieser Verteidigung ist die Fianchettierung des schwarzfeldigen Läufers und der Zug d6. Jedoch ergibt sich die Königsindische Verteidigung nur dann, wenn der weiße Bauer auf d4 steht.

Zieht Weiß beispielsweise nur d3, können die Englische Eröffnung oder Königsindisch im Anzug entstehen.

Das Merkmal der folgenden Variante ist die Läuferentwicklung nach e2 und des weißen Springers auf f3.

Partie 10

1. d2 – d4	Sg8 – f6
2. c2 – c4	g7 – g6
3. Sb1 – c3	Lf8 – g7
4. e2 – e4	d7 – d6
5. Lf1 – e2	

Fischer bemerkt, daß Larsen einige gute Partien mit 5. Sf3 0 – 0 6. Le3 gewonnen habe, aber gegen ihn auch noch keiner 6. ... e5! gezogen habe. Z. B. Le2 Sc6 oder 7. d5 Sg4 8. Lg5 f6 9. Lh4 De8 mit gutem Spiel für Schwarz 7. de5: de5: 8. Dd8: Td8: 9. Sd5 (?) Sa6! gibt Schwarz das bessere Endspiel.

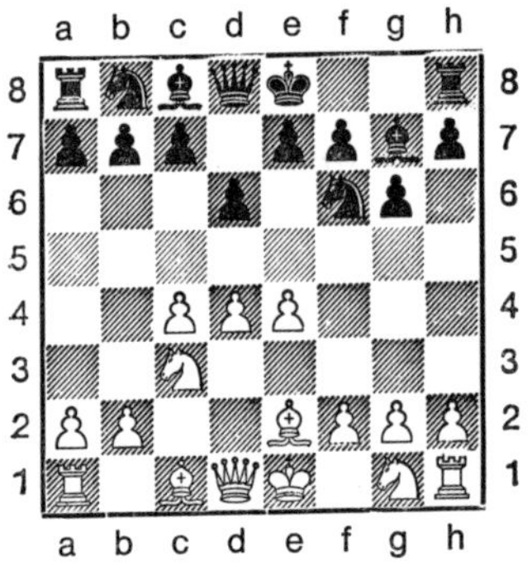

5. ... 0 – 0
6. Sg1 – f3 e7 – e5

Oft geschieht auch 6. ... Lg4, was Weiß genau behandeln muß. 7. Le3 Sfd7 8. Tc1! Vor der Rochade muß der Punkt c3 gesichert werden. 8. ... e5 9. d5 Lf3: 10. Lf3: f5 11. b4! Sf6 12. c5 Tf7 13. 0 – 0 f4 14. Ld2 Lf8 15. Sa4 Sbd7 16. c6 bc: 17. Tc6: Tg7 18. Dc2 Sb8 19. Tc4 a6 20. Tc1. Mit positionellem Vorteil für Weiß (Taimanow – Bielícki Havanna 1964)

7. 0 – 0

Ungefährlich für Schwarz ist 7. de: de: 8. Dd8: Td8: 9. Lg5 (9. Se5: Se4: 10. Se4: Le5: 11. Lg5 Td4) 9. ... Te8 10. Sd5 Sd5: 11. cd: c6 12. Lc4 cd: 13. Ld5: Sd7! 14. Tc1 h6 15. Le3 Sf6 16. Lb3 Se4: 17. Tc7 Le6 18. Le6: Te6: 19. Tb7: Ta6 20. a3 Sd6 21. Tb4 Tc6= (Teschner – Fischer, 1962) Auch die sofortige Abriegelung des Zentrums durch d4 – d5 bringt keinen Vorteil. Es ist zweckmäßiger die Spannung im Zentrum noch aufrechtzuerhalten.

7. ... Sb8 – c6

Falls 7. ... ed: so 8. Sd4: Te8 9. f3 c6 10. Sc2 d5 11. cd: cd: 12. ed: Db6 + 13. Kh1 Sa6 14. Lc4 Ld7 15. Lb3 und Schwarz hat keinen ausreichenden Ersatz für seinen geopferten Bauern.
Auf 7. ... c6 folgt 8. d5
Auch 7. ... Sbd7 wird viel gespielt. Es kann folgen 8. Tfe1 c6 9. Lf1 a5! 10. Tab1 Tfe8 11. d5 Sc5 12. Sfd2 Lh6 13. Sb3 Lc1: 14. Tbc1: Sb3: 15. Db3: c5 = (Boleslawski)
Der Textzug gilt als moderne und detailliert ausgearbeitete Fortsetzung.

8. Lc1 – e3

Fischer schreibt, daß dieser Zug für ihn überraschend gekommen sei. Und in der Tat wird fast ausschließlich d5 gezogen. Zu d4 – d5 gibt Boleslawski wieder 5 (!) Varianten an. Fischer wollte antworten: 8. ... Se7 9. Se1 Sd7 10. Sd3 f5 11. Ld2 c5! 12. f3 f4! mit aktiven Chancen. (aber nicht 12. ... Sf6? 13. g4! f4 14. h4!)

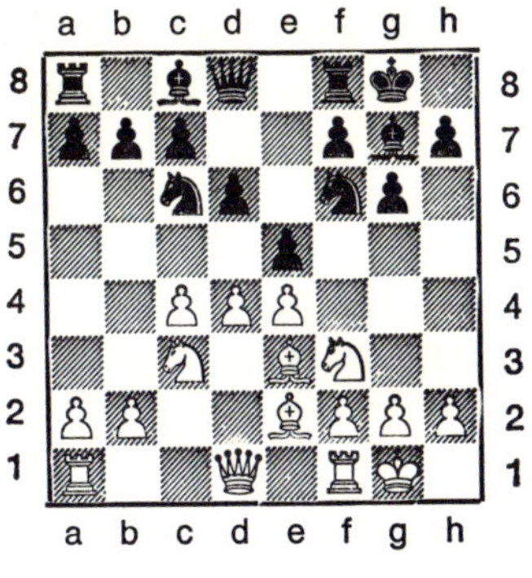

8. Tf8 – e8!

8. ... Sg4 ist nicht so gut. Den Textzug fand zuerst Najdorf. Wichtig zu wissen ist, daß nach d5 Schwarz mit Sd4! ausgleicht. 10. Sd4: ed: 11. Ld4: Se4: (Reschewski – Najdorf 1953)

9. d4 x e5 d6 x e5
10. Dd1 x d8 Sc6 x d8

Fischer gibt an, daß ihm der alte Zug 10. ... Td8:! besser gefällt. Nach 11. Lg5 muß Schwarz nur stärker mit 11. ... Tf8! fortsetzen und nicht 11. ... Td7 12. Ld1!! (gefolgt von La4)

11. Sc3 – b5 Sd8 – e6
12. Sf3 – g5 Te8 – e7
13. Tf1 – d1

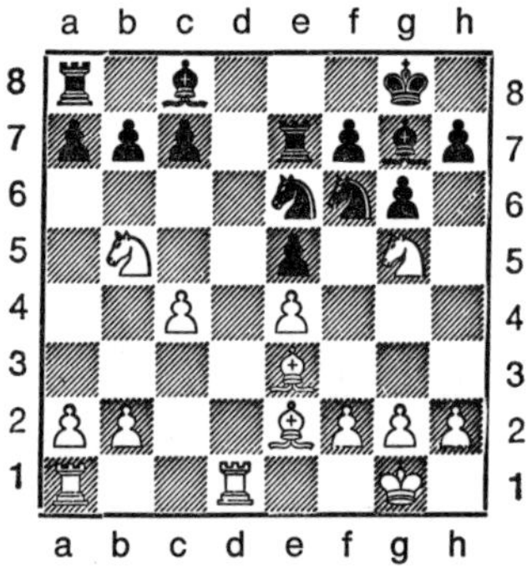

Larsen versucht, die Partie Reschewski – Fischer, Santa Monica 1966, zu verbessern, in der Folge: 13. Se6: Le6: 14. f3 c6 15. Sc3 Td7 16. Tfd1 Lf8 17. Kf2 b6 18. b3 Tb7 19. Sa4 Sd7 20. Sb2 b5 = (Fischer) Eine Analyse von Najdorf lautet: 13. Sa7: Sf4 14. Lf4: ef: 15. Sc8: Tc8: 16. f3 Sd7 17.

Tab1 Ta8 18. a3 Ld4 + 19. Kh1 h6 =

13. ... b7 – b6

Larsen wollte auf 13. ... c6 14. Sa7:!? Ld7 15. Se6: Le6: 16. f3 ziehen. Aber nach 16. ... Td7! hat Schwarz gutes Spiel für den Bauern. (Fischer) Boleslawski gibt auf 14. Sa7: Sf4 an. 15. Lf4: ef: 16. Sc8: Tc8: 17. f3 Sh5 18. Td2 c5 =

14. c4 – c5!?

„Typischerweise wählt Larsen eine überraschende Fortsetzung. Er sollte ein baldiges Remis anstreben mit 14. Se6: Le6: 15. f3. Durch das Überschätzen seiner Chancen wird er langsam in eine Verluststellung getrieben“ (Fischer).

14. ... Se6 x c5

14. ... bc:? 15. Se6: Le6: 16. Lc5: Td7 17. f3 ±

15. Td1 – d8 + Lg7 – f8
16. Sb5 x a7 Ta8 x a7
17. Td8 x c8

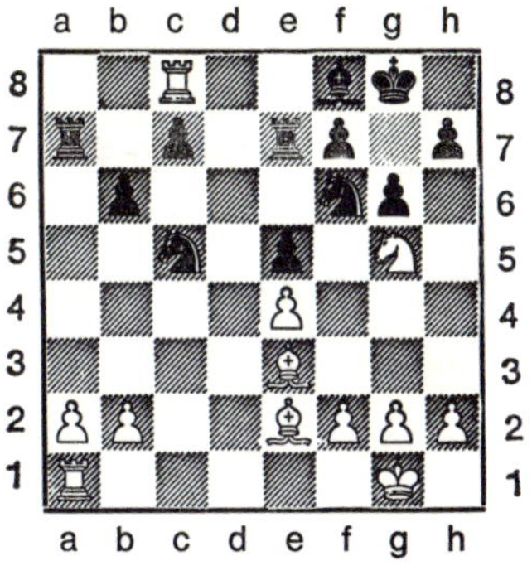

17. . . .	Kg8 – g7

17. . . . Sce4:?? 18. Se4: Se4: 19. Lh6
17. . . . h6! 18. Sf3 Kg7 19. Lc5: bc: 20. Ld3 =

18. f2 – f3	Sf6 – e8
19. a2 – a3?	

Weiß stände sogar etwas besser nach: 19. Lc5:! bc: 20. Tb8 (Fischer)

19. . . .	Se8 – d6
20. Tc8 – d8	

Auch hier konnte Larsen ein Remis durch Zugwiederholung erreichen.
20. Tb8 Sd7 21. Td8 Sb7 22. Tb8 Sd6

20. . . .	h7 – h6
21. Sg5 – h3	Sc5 – e6
22. Td8 – b8	Te7 – e8
23. Tb8 x e8	Sd6 x e8
24. Le2 – b5	

(24. b4? Lb4:)

24. . . .	Se8 – d6
25. Lb5 – f1	Sd6 – b7!
26. Sh3 – f2	Lf8 – c5!
27. Le3 x c5	Sb7 x c5
28. Ta1 – d1	h6 – h5!

Falsch wäre 28. . . . Sd4? 29. Sg4 f6 30. f4!

29. Td1 – d5

„Larsen hat noch Illusionen"

29. . . .	Kg7 – f6

30. h2 – h4 Kf7 – e7!
31. Lf1 – c4

31. Te5:? c6 gefolgt von Sd7 oder f6

31. . . . c7 – c6
32. Td5 – d2 Se6 – d4
33. Kg1 – f1 f7 – f5!
34. b2 – b4

Nicht 34. ef: Sf5: mit Drohungen Se3 + oder Sh4:; besser vielleicht 34. Sd3 (Fischer)

34. . . . b6 – b5!
35. Lc4 – g8 f5 x e4

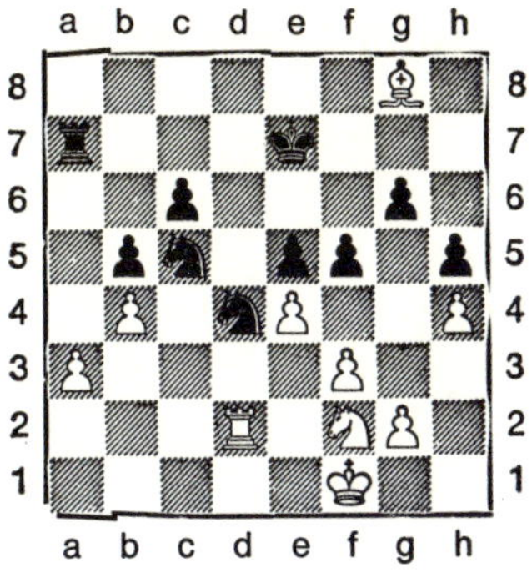

36. f3 x e4

Es geht nicht 36. bc: e3 37. Td4: (37. Td3 ef2: 38. Kf2: Ta8 39. La2 b4 oder 37. Ta2? ef: 38. Kf2: Kf8!) ed: 38. Sd3 Ta3: 39. Ke2 Tc3

36. . . . Sc5 – d7
37. Td2 – d3 Ta7 – a6!

38. Td3 – c3 c6 – c5!

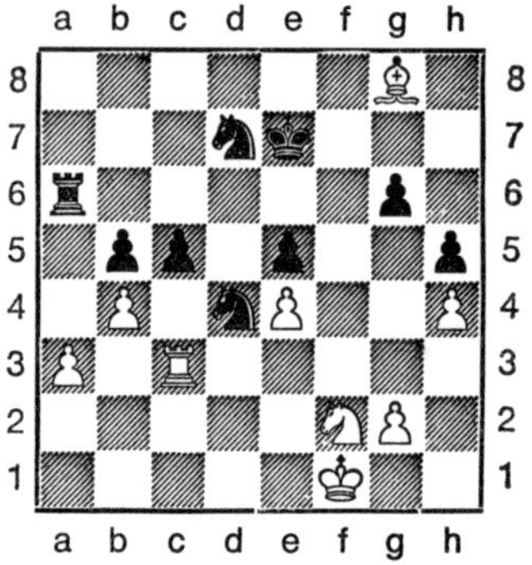

39. g2 – g4?

In Zeitnot übersieht Larsen 39. bc: b4! 40. Tc1! Ta3: 41. c6 Sb6

39. . . . c5 – c4
40. g4 x h5 g6 x h5
41. Lg8 – d5 Sd7 – f6
42. Tc3 – g3 Sf6 x d5
43. e4 x d5 Ta6 – f6
44. Kf1 – g2

Mit diesem Zug wurde die Partie abgebrochen und Fischer setzt fort mit

44. . . . Sd4 – f5
45. Tg3 – h3 Tf6 – g6 +
46. Kg2 – f3 Sf5 – d4 +
47. Kf3 – e3 Tg6 – g2
48. Th3 – h1 Ke7 – d6
49. Sf2 – e4 + Kd6 x d5
50. Se4 – c3 + Kd5 – e6
51. Th1 – c1 Tg2 – h2

52. a3 – a4	Th2 – h3 +
53. Ke3 – f2	Sd4 – b3
54. Kf2 – g2	Sb3 x c1
55. Kg2 x h3	b5 x a4
56. Sc3 x a4	Sc1 – e2
57. b4 – b5	c4 – c3
58. b5 – b6	c3 – c2
59. Sa4 – c5 +	Ke6 – d5
60. Sc5 – b3	Kd5 – c6
61. Kh3 – g2	Kc6 x b6
Aufgabe	

Auf dem Wege zur Weltmeisterschaft im Interzonenturnier Mallorca 1970 bringt Larsen Fischer die einzige Niederlage bei. Als beide Großmeister später im Kandidatenturnier aufeinandertreffen erleidet Larsen mit 0 – 6 die größte Niederlage in seiner Laufbahn.

VI. Variantenkomplex

Mit Exweltmeister Petrosjan (Weltmeister von 1963 bis 1969) befassen wir uns mit der Nimzowitsch-Indischen Verteidigung (1. d4 Sf6 2. c4 e6 3. Sc3 Lb4).

Spasski forderte 1969 Petrosjan zum zweiten Mal um die Weltmeisterschaft. Nachdem er drei Jahre vorher einen vergeblichen Anlauf genommen hatte, stand nach der 23. Partie mit 12½ – 10½ Punkten Spasski als Weltmeister fest. In der vorliegenden 10. Wettkampfpartie jedoch wird er von Petrosjan, der mit den weißen Steinen eröffnet, zerrissen.

Partie 11

1. d2 – d4	Sg8 – f6
2. c2 – c4	e7 – e6
3. Sb1 – c3	Lf8 – b4

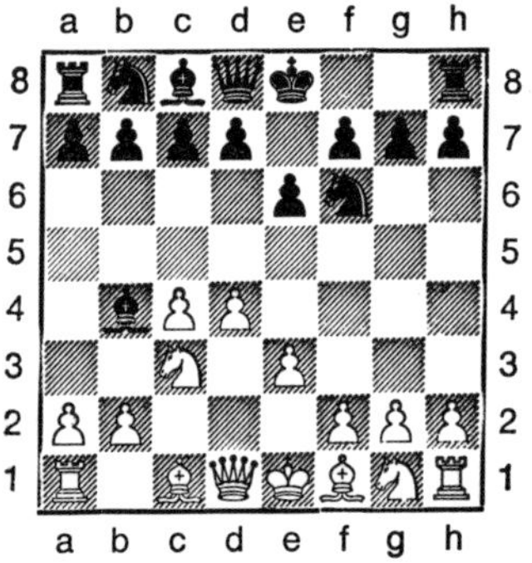

Schwarz versucht mittels Figuren einen Druck auf das Feld e4 auszuüben.

4. e2 – e3

Schon im 4. Zug setzen die Diskussionen um den wirkungsvollsten Aufbau ein. Wir geben hier die wichtigsten Abspiele wieder:

A.) 4. a3 (Sämisch-System) Lc3: + 5. bc: c5 6. e3 d6 7. Ld3 e5 8. Se2 e4 9. Lb1 Le6 10. d5 Lf5 nebst Springerwanderung Sb8 – d7 – e5. Oder 5. . . . Se4 6. Dc2 f5 7. f3 Dh4 + 8. g3 Sg3: 9. hg: Dh1: 10. Sh3 Dh2 11. Lf4 d6 12. g4 Dh1 13. gf: 0 – 0 14. 0 – 0 – 0 e5 ∞

B.) 4. Dc2 (Aljechin-System) geschieht, um e4 wieder zu drohen und nach Lc3: mit der Dame wiederschlagen zu können.

4. . . . d5 5. a3 Lc3: + 6. Dc3: Se4 7. Dc2 c5

8. dc: Sc6 9. Sf3 Da5 + 10. Sd2 Sd4 11. Dd3 e5 12. b4 Da4 13. Ta2 Sd2: 14. Dd2: dc: 15. e3 Sb3 16. Dc3 Le6 17. Lc4: Lc4: 18. Dc4: Sc1: 19. Dc1: a5 = (Bronstein – Boleslawski 1948)
oder 4. ... c5 5. dc: Lc5: 6. Sf3 Sc6 7. Lg5 Le7 8. e4 d6 9. Le2 a6 10. 0 – 0 Dc7 11. Tac1
Auch 4. ... Sc6 4. ... d6 und 4. ... 0 – 0 sind spielbar.

C.) 4. Sf3 (Ragosin-Verteidigung) 4. ... d5 5. Da4+ Sc6 6. Se5 Ld7 7. Sd7: Dd7: 8. e3 e5 9. de: d4 10. a3 Lc3: + 11. bc: dc: 12. Le3: Sg4 13. Ld4 Sge5: ∓

Oder 4. ... b6 5. Lg5 h6 6. Lh4 Lb7 7. e3 g5 8. Lg3 Se4 9. Dc2 Lc3: 10. bc: d6 11. Ld3 Sg3: 12. hg: Sd7 13. a4 a5 14. Tb1 De7 15. Le4 0 – 0 – 0 16. Lb7: + Kb7: 17. De4 + Ka7 18. Dc6 Sb8 19. Db5 Dd7 =

Oder 4. ... c5 5. d5 Lc3: + 6. bc: d6 7. e3 e5 8. Dc2 De7 9. Le2 0 – 0 10. Sd2 e4 ∓ (Balaschow – Mititelu, 1969)

D.) 4. Lg5 (Leningrader System) 4. ... h6 5. Lh4 c5 6. d5 d6 7. e3 Lc3: + 8. bc: e5 9. f4 De7 10. Lf6: Df6: 11. Dd2 ef: 12. ef: 0 – 0 13. Ld3 Lf5 =

4. ... 0 – 0

Oder 4. ... d5 5. Ld3 0 – 0 6. Sf3 c5 7. 0 – 0 dc: 8. Lc4: Sbd7 9. De2 cd: 10. ed: Lc3: 11. bc: Dc7 12. Ld2 b6 13. Ld3 Lb7 14. Tac1 Lf3: 15. Df3: e5 16. Tfe1 Dd6 =

5. Lf1 – d3 b7 – b6

Diese Variante spielt Spasski häufig.

6. Sg1 – e2

In diesem Abspiel steht der Springer besser auf f3 6. ... Lb7 7. 0 – 0 c5 8. Sa4 cd: 9. ed: Le7

6. ...	d7 – d5
7. 0 – 0	d5 x c4

Spasski wollte sich hier nicht die Diagonale versperren lassen. 7. ... Lb7 8. cd: ed:

8. Ld3 x c4	Lc8 – b7
9. f2 – f3!	c7 – c5

Besser vielleicht Le7, da der Textzug den Abtausch Läufer gegen Springer zuläßt.

10. a2 – a3	c5 x d4
11. a3 x b4	d4 x c3
12. Se2 x c3	

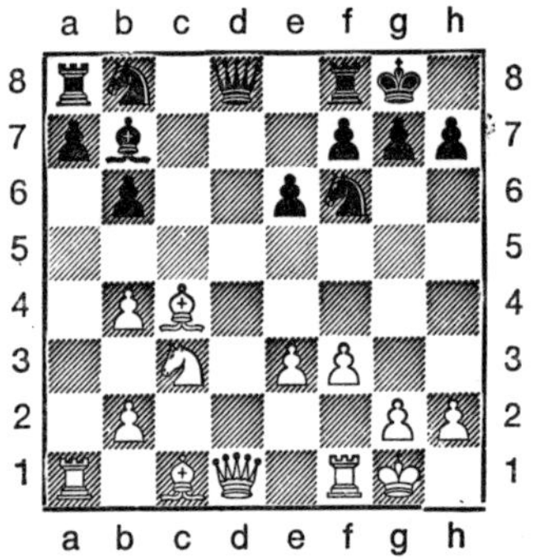

„Ein Meister-Zug. Gewöhnlich Sterbliche hätten natürlich mit dem Bauern auf c3 genommen. Aber dann hat Weiß nach 12. ... De7 nichts.“ (Flohr)

12. ...	Sb8 – c6
13. b4 – b5	Sc6 – e5

Der Springerzug wurde gerügt. Geller empfahl 13. Sb4 nebst a5. Auch 13. ... Sa5 14. Le2 Dd1: (Flohr meint Dc7) 15. Td1: Sb3 16. Ta3 Sc1: 17. Tc1: gereicht Weiß zum Vorteil.

14. Lc4 – e2	Dd8 – c7

Hier wurden 14. ... De7 (Filip) und 14. ... Sd5 15. Ld2 f5 (Flohr) empfohlen.

15. e3 – e4	Tf8 – d8
16. Dd1 – e1	Dc7 – c5 +
17. De1 – f2!	

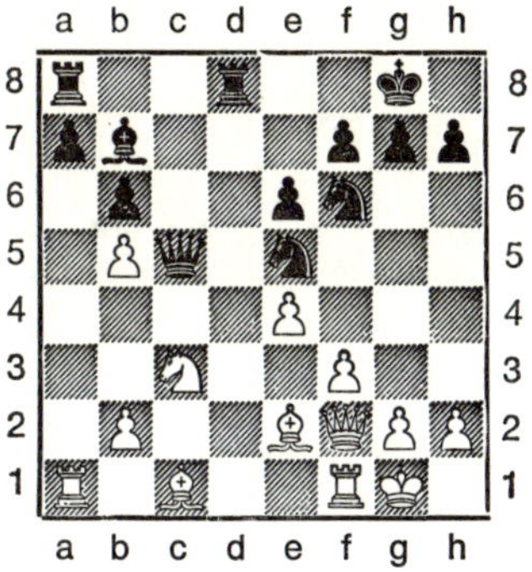

Zielt auf den Damenabtausch, der für Weiß günstiger wäre.

17. ...	Dc5 – e7?

Dieser Zug ist sicherlich schlechter als der Damentausch, da Schwarz kein Gegenspiel mehr hat.

18. Ta1 – a3!	Sf6 – e8
19. Lc1 – f4	Se5 – g6
20. Lf4 – e3	Se8 – d6

21. Tf1 – a1	Sd6 – c8
22. Le2 – f1	

Bereitet in Ruhe die Springerüberführung nach d4 vor. Spasski ist ohne Chance.

22. ...	f7 – f5?

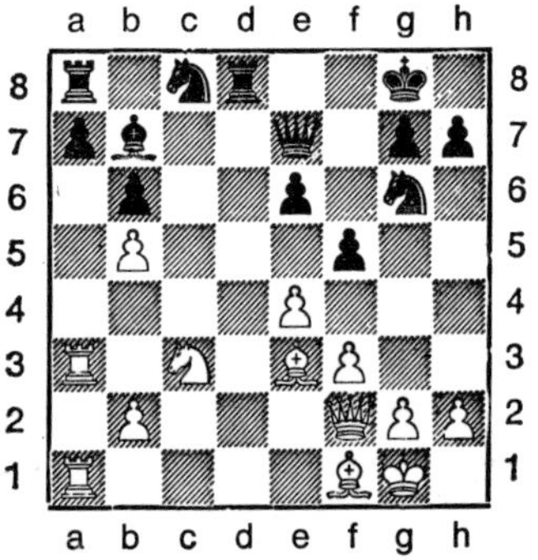

Mit diesem Zug hilft Schwarz noch kräftig nach.

23. e4 x f5	e6 x f5
24. Ta3 – a4	Td8 – e8
25. Le3 – d2	De7 – c5
26. Df2 x c5	b6 x c5
27. Ta4 – c4	Te8 – e5
28. Sc3 – a4	a7 – a6

Auch 28. ... Sd6 29. Tc5: rettet nicht mehr.

29. Sa4 x c5	a6 x b5
30. Sc5 x b7	Ta8 x a1
31. Tc4 x c8 +	Kg8 – f7
32. Sb7 – d8 +	Kf7 – e7

33. Sd8 – c6 +	Ke7 – d7
34. Sc6 x e5 +	Kd7 x c8
35. Se5 x g6	h7 x g6
36. Ld2 – c3	Ta1 – b1
37. Kg1 – f2	b5 – b4
38. Lc3 x g7	

Spasski verlor diese Partie ziemlich widerstandslos. Wie Flohr errechnete war diese Partie die 50. Begegnung zwischen den beiden (jetzigen) Ex-Weltmeistern.

Lerne Kombinieren

Das folgende Diagramm zeigt eine Endspielstellung, in der Chancen durch den Materialunterschied (Dame und Läufer gegen 2 Türme und Läufer) auf beiden Seiten bestehen.

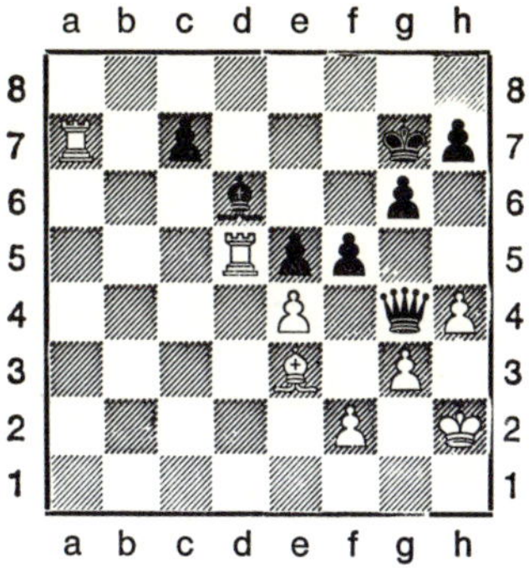

Schwarz ist am Zuge und übersieht die weiße Drohung. Er möchte seinen König heranziehen. 39. ... Kf6?? Sehen Sie die Möglichkeit?

40. Td6: + Jetzt sah auch der Führer der schwarzen Steine, daß er aufgeben konnte.

40. ... cd: 41. Lg5 + Ke6 42. Te7 Matt.

Schwarz mußte Kg8 oder Kf8 spielen.

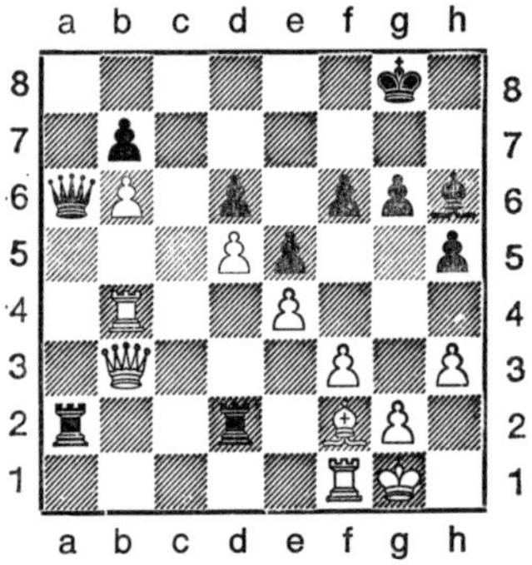

Schwarz hat bereits seine Türme in der 2. Reihe verdoppelt und die Dame unterstüzt den Angriff in der offenen a-Linie. Weiß hingegen muß mit einem Turm verteidigen und der andere und die Dame besetzen die geschlossene b-Linie. Wie so oft in solchen Stellungen kann die Verteidigung durch einen geschickten Opferzug bezwungen werden.
Schwarz zieht und sieht den schnellen Gewinn 1. ... Df1: + ! 2. Kf1: Tf2: + 3. Kg1 (3. Ke1 Tg2: 4. Kf1 Taf2 5. Ke1 Ld2 +) 3. ... Tg2: + 4. Kh1 Tgc2 Auch 4. ... Lf4 gewinnt. Die Dame muß den Turm a2 nehmen, um das drohende Matt zu vermeiden.

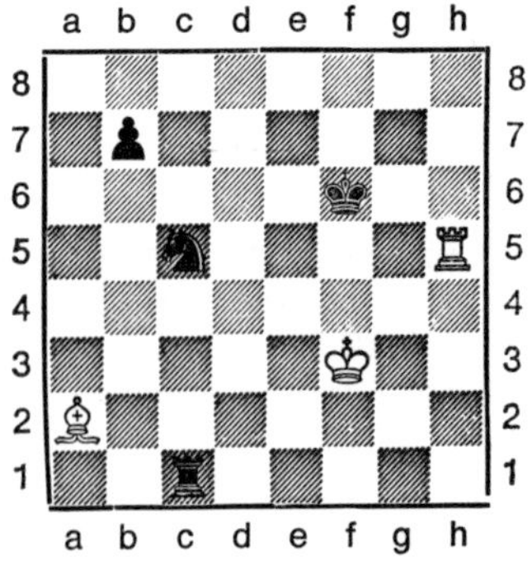

Weiß am Zuge

Weiß ist am Zuge und hat gute Remischancen. Aber er hat einen falschen Plan. 52. Th6 + ? Ke5 53. Tb6 Sa4 54. Te6 + (54. Tb4 Ta1 55. Ta4: Ta2: 56. Tb4 Kd5 57. Ke3 Kc5 58. Tb8 Kc4 und Weiß befindet sich in Zugzwang)
54. ... Kd4 55. Te4 + Kc5 56. Ta4: Ta1 Weiß gab auf (Die Schlußphase der Partie gehört Spasski – Petrosjan 1. Wettkampfpartie, Weltmeisterschaft 1969)
Richtig mußte Spasski ziehen: 52. Ke3! Sa4 53. Th4 Sc3 34. Tb4 Sd5 + 55. Ld5: oder 54. ... b1 D 55. Lb1: Sd5 + 56. Kd2

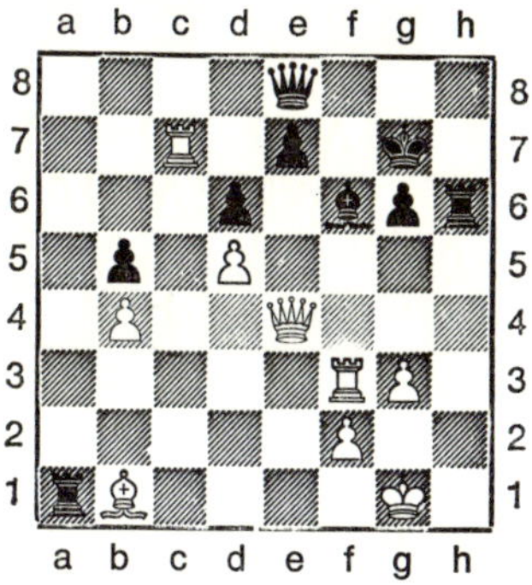

Weiß am Zuge hat sich eine vortreffliche Figurenstellung aufgebaut. Die schwarzen Figuren harmonieren nicht miteinander und sind mit Einzelaufgaben beschäftigt.
Weiß gewinnt leicht durch

1. Tf3 x f6!	Ta1 x b1 +
2. De4 x b1	Kg7 x f6
3. Db1 – e4!	

Es gibt keine Verteidigung mehr.

3. ... De8 – f7
4. De4 – d4 +

nebst Matt, oder 3. ... Kf7 4. De6 + Kf8 5. Tc8 nebst Damenverlust.

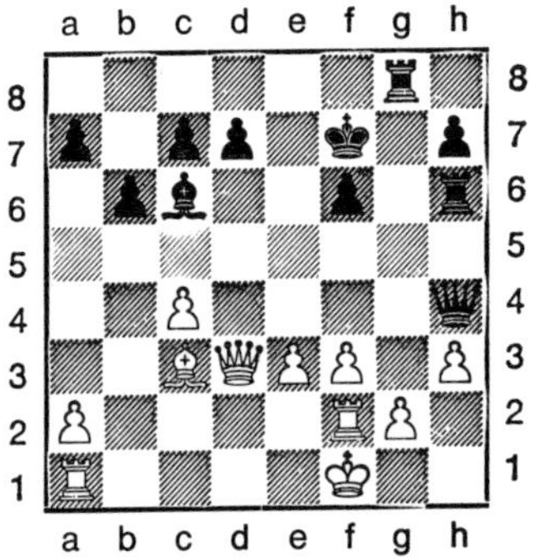

Schwarz am Zuge hat seine Streitkräfte zum Königsangriff versammelt. Es ist ein klarer Plan zu erkennen. Die weißen Figuren machen auch hier einen ungeordneten Eindruck. Aber wie kann Schwarz den Stellungsvorteil verwerten?
Und so fand Larsen 1967 in Havanna gegen Gligoric den Gewinnzug:

1. ... Tg8 x g2!
2. Tf2 x g2 Dh4 x h3
3. e3 – e4 Th6 – g6!

(4. De2 Dh1 +)

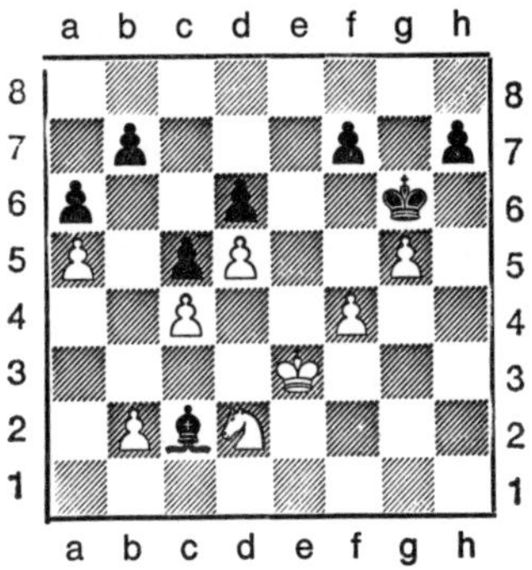

Ein hochinteressantes Endspiel.
Gleiches Material. „Nur“ Läufer gegen Springer.
Es sieht stark nach Remis aus. In vielen Stellungen hat der Läufer gegenüber dem Springer Vorteile. Hier jedoch hat Weiß (am Zuge) die Möglichkeit, den Läufer „unschädlich“ zu machen.

1. Sd2 – e4! Lc2 x e4
2. Ke3 x e4 f6

Schwarz versucht seinen h-Bauern freizubekommen.

3. f4 – f5 + ! Kg6 x g5
4. b2 – b4! c5 x b4
5. c4 – c5 b4 – b3
6. Ke4 – d3 Kg5 x f5
7. c5 x d6! gewinnt, der schwarze König kommt nicht mehr heran.

Schwarz kann also nicht 2. . . . f6 spielen. Versuchen wir es mit

2. . . . f7 – f5 +
3. Ke4 – d3 Kg6 – f7
4. b2 – b4 Kf7 – e7

(4. ... cb: ? 5. Kc2 Ke7 6. Kb3 dK7 7. Kb4: Kc7 8. c5! gewinnt)

5. b4 x c5	d6 x c5
6. Kd3 – e3!!	Ke7 – d7
7. Ke3 – f3	Kd7 – c7
8. Kf3 – g3	b7 – b6?

Dieser Zug geht nur, wenn der weiße König schon auf he steht, da er dann nicht mehr den schwarzen a-Bauern erreicht. Jetzt würde folgen 9. ab: + Kb6: 10. Kf3 a5 11. Ke3 a4 12. Kd3 usw. Der schwarze König kann nicht zu Hilfe eilen, weil der weiße d-Bauer sein Umwandlungsfeld schneller erreicht. Auf 8. ... b5 folgt ab: ep + und auf 8. ... Kd7 9. Kh4 b6! 10. ab: a5 11. Kh5 a4 12. b7! Kc7 13. Kht a3 14. Kh7: a2 15. g6 a1 D 16. g7 Schwarz hat nur zwei Racheschachs und Weiß gewinnt!!
Dieses schöne Endspiel spielten nicht etwa Spasski oder Fischer, sondern der jetzige Polizeipräsident (!) von Dortmund, Wolfgang Manner, der damals (ca. 1967) noch Verwaltungsangestellter in Münster war und im Bundesligakampf gegen Klein aus Bonn eine herrliche Partie lieferte.

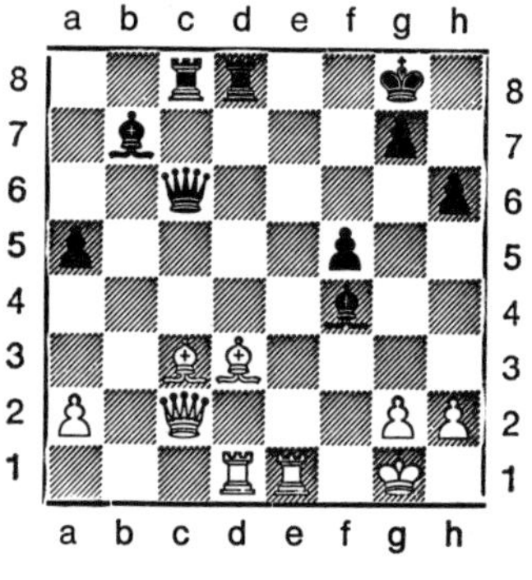

In einem Simultankampf führte Spasski die schwarzen Steine und holte zum Schlag (ins Wasser) aus:

1. ... Dc6 x c3

Sein junger Partner hatte dem großen Meister diese Falle gestellt.

2. Ld3 – c4 + Tc8 x c4
3. Td1 x d8 + Kg8 – f7
4. Dc2 x f5 + Dc3 – f6

Soweit hatte Spasski offensichtlich alles gesehen.

5. Te1 – e7 +!!

Und jetzt streckte der große Meister die Hand zur Aufgabe, weil er im nächsten Zug mattgesetzt wird.

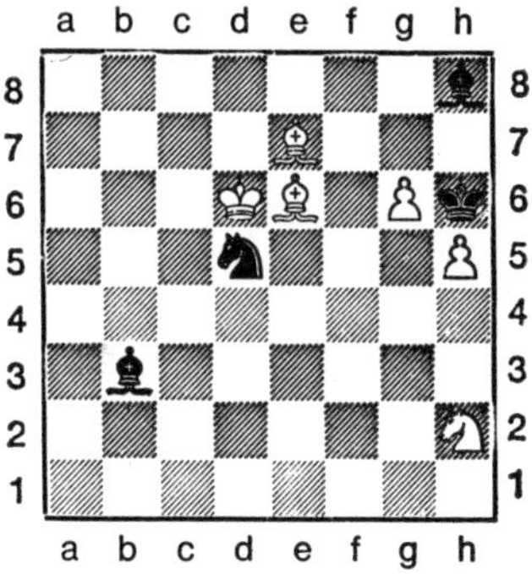

Weiß ist am Zuge. Der Gewinn ist nur möglich, wenn Weiß einen Bauern umwandeln oder mattsetzen kann.

Was nicht gewinnt, vorab: 1. Ld5: Ld5: 2. Kd5: Kh5: Weil auch der 2. Bauer verloren ginge.

Weiß versucht nun den König von den Bauern abzulenken.

1. Le7 – f8 + !	Kh6 x h5

(1. . . . Lg7 2. Lg7: + Kg7: 3. Ld5: gewinnt)

2. Le6 – f7!	

Natürlich nicht 2. g7? Lg7: 3. Lg7: Se3! Lb3: Sf5 + =

2. . . .	Kh5 – g5
3. Sh2 – f3 +	Kg5 – f6

(3. . . . Kf4 4. Ld5: 3. . . . Kf5 4. g7 Lg7: 5. Lg7: Sc7 6. Sd5 +)

4. Sf3 – h4!	

Es droht wieder Ld5: weil der Springer g6 deckt.

4. . . .	Lb3 – c2
5. Kd6 x d5	

Jetzt wäre Ld5: Lg6: remis

5. . . .	Lc2 – b3 +
6. Kd5 – d6	Lb3 x f7
7. g6 – g7!	Lh8 x g7
8. Lf8 – e7	Matt!!

Auch 4. . . . Sf4 rettet die Stellung nicht mehr. 5. Le7 + Kg7 6. Sf5!!

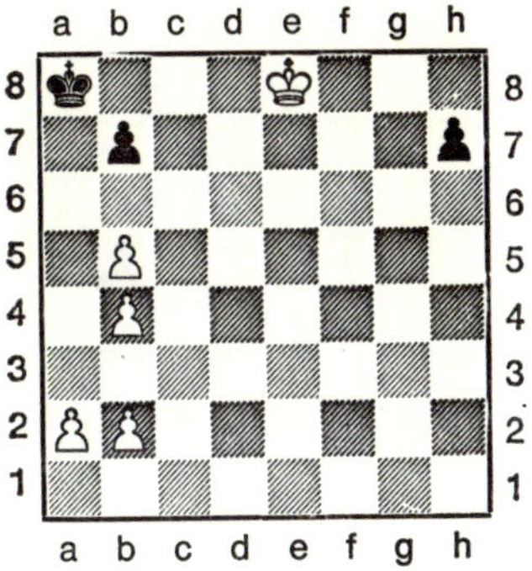

Diese Endspielstellung zeigte Kasparjan in seinem Buch „Zauberhafte Endspiele“. Hier sehen wir eine Selbstpattstudie. Der schwarze h-Bauer ist nicht mehr zu halten, er wird zur Dame umgewandelt.
Durch die eigenartige weiße Bauernstellung rettet Weiß seinen König.

1. Ke8 – d7!	h6 – h5
2. Kd7 – c7!	h5 – h4
3. Kc7 – b6	h4 – h3
4. Kb6 – a5	h3 – h2
5. b5 – b6!	h2 – h1 D
6. b6 – b5!	Dh1 – b1
7. a2 – a4 nebst b2 – b4 patt	

oder 4. ... b6 + 5. Ka4 h2 6. a3 h1 D 7. b3 patt.
Wenn Sie sich fragen, warum der schwarze König auf a8 zuzieht. z. B. 1. Kd7 Ka7? 2. Ke6! und Weiß kommt an den h-Bauern und gewinnt die Partie!

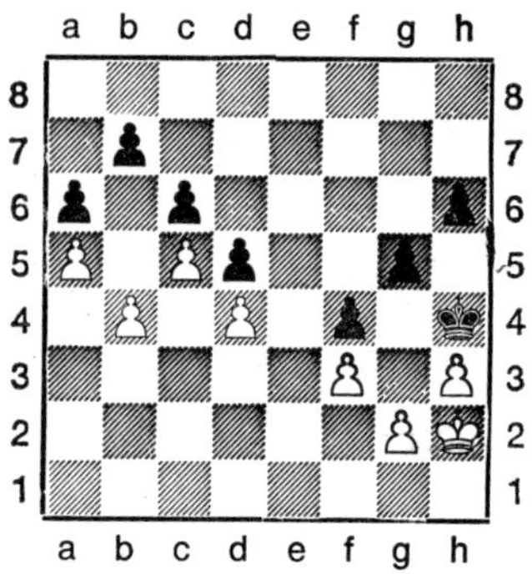

Schwarz am Zuge glaubt durch seinen besser postierten König noch Gewinnchancen zu haben und verliert durch

1. . . .	h6 – h5?
2. g2 – g3 + !!	

Nach 2. Kg1 Kg3 3. Kf1 g4 4. hg: hg: 6. fg: Kg4 6. Kf2 bleibt die Partie remis.

2. . . .	f4 x g3 +
3. Kh2 – g2	

Schwarz hat nur noch Zwangszüge

3. . . .	g5 – g4
4. h3 x g4	Kh4 – g5

Nach 4. . . . hg4: gewinnt 5. f4!!

5. g4 x h5 und Schwarz gab auf.

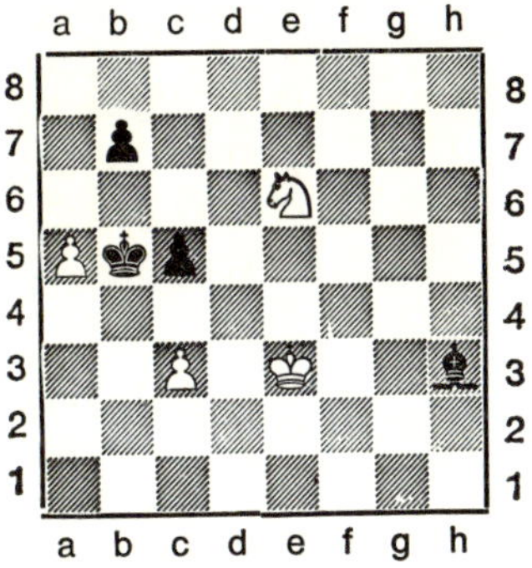

Weiß hat einen ungedeckten Bauern a5 und einen angegriffenen Se6 und findet doch die Lösung zum Remis.

1. a5 – a6!!

Schwarz muß folgende 4 Züge durchrechnen:

A) 1. ... Le6: ?? 2. a7 Sieg für Weiß

B) 1. ... b6 (?) 2. a7 Lg2 3. Sc7 + Kc4 noch remis

C) 1. ... Ka6: 2. Sc5: + Kb6 3. Sb7: remis und die Partievariante.

D) 1. ... b7 x a6
2. Se6 x c5! Kb5 x c5
3. Ke2 – d2

Weiß kann seinen Bauern c3 noch aufgeben, denn sein König erreicht rechtzeitig das Feld a1 und hält remis, weil Schwarz den „falschen Läufer" hat. Zum Sieg benötigte Schwarz einen schwarzfeldrigen Läufer, um das Feld a1 zu nehmen.

Im 1. Band der „Kleinen Schachbücherei“ finden Sie ein „Kleines Schachlexikon“, das die wichtigsten **Schachausdrücke** erläutert. In diesem Buch stellen wir ein Lexikon der **Schacheröffnungen** zusammen. Es sind selbstverständlich nur die jeweils wichtigsten Varianten aufgeführt. Literaturangaben dienen dem Interessenten für ein weiteres Studium.

I. Offene Spiele

Spanische Partie:

1. e4 e5	2. Sf3 Sc6	3. **Lb5** a6	4. La4 Sf6	5. 0 – 0 Le7	6. Te1 b5
				7. Lb3 d6	8. c3 0 – 0
				5. Se4:	6. d4 b5
				7. Lb3 d5	8. de: Le6
			4. Lc6: dc:	5. d4 ed:	6. Dd4: Dd4:
				7. Sd4: Ld7	8. Le3 0–0–0
Italienisch					
		3. **Lc4** Lc5	4. c3 Sf6	5. d4 ed:	6. cd: Lb4 +
			7. Sc3 Se4:	8. 0 – 0 Lc3:	9. d5 Lf6!
		(Evans-Gambit)	4. b4 Lb4:	5. c3 Lc5	**6.** d4 ed:
					7. 0 – 0 d6
(Zweispringerspiel im Nachzuge)		Sf6	4. d4 ed:	5. 0 – 0 Se4:	6. Te1 d5

					7. Ld5: Dd5:	8. Sc3 Da5!
				4. Sg5 d5	5. ed: Sa5	6. Lb5 + c6
					7. dc: bc:	8. Le2 h6
Vierspringerspiel						
	1. e4 e5	2. Sf3 Sc6	3. **Sc3 Sf6**	4. Lb5 Lb4	5. 0 – 0 0 – 0	6. d3 d6
						7. Lg5 Lc3:
Schottische Partie						
			3. **d4** ed:	4. Sd4: Sf6	5. Sc3 Lb4	6. Sc6: bc:
						7. Ld3 d5
				Lc5	5. Sb3 Lb6	6. a4 a6
						7. Sc3 Sge7
Philidor Verteidigung						
		d6	3. d4 Sf6	4. Sc3 Sbd7	5. Lc4 Le7	6. 0 – 0 0 – 0
			ed:	4. Sd4: g6	5. Sc3 Lg7	6. Lf4 Sf6
Russische Verteidigung						
		Sf6	3. d4 ed:	4. e5 Se4	5. Dd4 d5	6. ed: Sd6:
						7. Sc3 Sc6
			3. Se5: d6	4. Sf3 Se4:	5. De2 De7	6. d3 Sf6
					7. Lg5 De2: +	8. Le2: Le7

Königsgambit

1. e4 e5	2. **f4** ef:	3. Sf3 Sf6	4. e5 Sh5	5. De2 Le7	6. d4 0 – 0
		g5	4. h4 g4	5. Se5 Sf6	6. d4 d6 7. Sd3 Se4:
		d5	4. ed: Sf6	5. Lb5 + c6	6. dc: bc: 7. Lc4 Sd5
	Lc5	3. Sf3 d6	4. c3 Sf6	5. fe: de:	6. d4 ed: 7. cd: Lb4 +
	d5	3. ed: e4	4. d3 Sf6	5. de: Se4: 7. g3 Sg3:	6. Le3 Dh4 + 8. Sf3 De7

Wiener Partie

	2. **Sc3** Sf6	3. f4 d5	4. fe: Se4:	5. Sf3 Lg4	6. De2 Sc3: 7. bc: c5
		3. Lc4 Se4:	4. Dh5 Sd6	5. Lb3 Sc6	6. Sb5 g6 7. Df3 f5
	Sc6	3. Lc4 Sf6	4. d3 Lb4	5. Lg5 h6	6. Lf6: Lc3: +

Mittelgambit

	2. **d4** ed:	3. Dd4: Sc6	4. De3 Sf6	5. Sc3 Lb4	6. Ld2 0 – 0 7. 0–0–0 Te8
		3. c3 dc:	4. Lc4 cb:	5. Lb2 d5	6. Ld5: Lb4 + 7. Sc3 Lc3:

II. Halboffene Spiele

Sizilianische Verteidigung

1. e4 **c5**	2. Sf3 e6	3. d4 cd:	4. Sd4: Sf6	5. Sc3 Lb4	6. e5 Sd5	7. Dg4 Kf8
						8. a3 La5
				Sc6	6. Sdb5 Lb4	7. a3 Lc3: +
						8. Sc3: d5
				d6	6. Le2 a6	7. 0 – 0 Sc6
						8. Le3 Le7
	Sc6	3. d4 cd:	4. Sd4: Dc7	5. Sbd5 Db8	6. c4 Sf6	7. Sc3 e6
						8. f4 d6
			Sf6	5. Sc3 d6	6. Le2 e5	7. Sb3 Le7
					6. Lg5 e6	7. Dd2 Le7
					8. 0 – 0 – 0 0 – 0	9. f4 Sd4:
					6. Lc4 e6	7. Le3 Le7
						8. 0 – 0 0 – 0
					8. De2 0 – 0	9. 0 – 0 – 0
			g6	5. Sc3 Lg7	6. Le3 Sf6	7. Lc4 Da5
					8. 0 – 0 0 – 0	
				5. c4 Lg7	6. Le3 Sf6	7. Sc3 Sg4
					8. Dg4: Sd4:	9. Dd1 Se6

1. e4 c5	2. Sf3 d6	3. d4 cd:	4. Sd4: Sf6	5. Sc3 a6	6. Le2 e5	7. Sb3 Le7
						8. 0–0 0–0
					6. Lg5 **e6**	7. f4 Le7
					8. Df3 Dc7	9. 0–0–0 Sbd7
				g6	6. Le2 Lg7	7. Le3 Sc6
						8. 0–0 0–0
					6. f4 Sc6	7. Sc6: bc:
						8. e5 Sfd7

Pirc-Verteidigung

1. e4 **d6**	2. d4 Sf6	3. Sc3 g6	4. f4 Lg7	5. Sf3 0 – 0	6. e5 Sfd7	7. h4 c5!
				8. h5 cd:	9. Dd4: de:	10. Df2 e4
					6. Ld3 Sc6	7. e5 de:
						8. fe: Sg4

Königsfianchetto

g6	2. d4 Lg7	3. c3 d6	4. f4 Sf6	5. e5 de:	6. fe: Sd5	7. Sf3 0 – 0
						8. Lc4 c5!
		3. Sc3 d6	4. f4 Sc6	5. Le3 Sf6	6. h3 0 – 0	7. g4 e5
					8. de: de:	9. f5 gf: !

Französische Verteidigung

1. e4 **e6**	2. d4 d5	**3.** Sc3 Lb4	4. e5 c5	5. a3 **Lc3:** +	6. bc: Dc7	**7.** Sf3 Se7
		Sf6	4. Lg5 Le7	5. e5 Sfd7	6. Le7: De7:	7. f4 0 – 0
		3. Sbd2 c5	4. Sf3 Sc6	5. ed: ed:	6. Lb5 Ld6	7. 0 – 0 Se7
		Sf6	4. e5 Sfd7	5. Ld3 c6	6. c3 Sc6	7. Sge2 Db6
		3. e5 c5	4. c3 Sc6	5. Sf3 Db6	6. a3 c4	7. Le2 Ld7

Skandinavische Verteidigung

d5	2. ed: Sf6	3. d4 Sd5:	4. c4 Sb6	5. Sf3 g6	6. Sc3 Lg7	7. h3 0 – 0
	Dd5:	**3.** Sc3 Da5	4. d4 Sf6	5. Sf3 Lg4	6. h3 Lf3:	7. Df3: c6

Aljechin-Verteidigung

1. e4 **Sf6**	2. e5 Sd5	3. d4 d6	4. c4 Sb6	**5.** f4 de:	6. fe: Sc6	7. Le3 Lf5
					8. Sc3 e6	9. f3 Le7

Caro-Kann-Verteidigung

c6	2. d4 d5	**3.** Sc3 de:	4. Se4: **Lf5**	5. Sg3 **Lg6**	6. h4 h6	**7.** Sf3 Sbd7
						8. h5 Lh7
		3. e5 Lf5	4. Sge2 e6	5. Sg3 Lg6	**6.** h4 h6	
		3. ed: cd:	4. c4 Sf6	5. Sc3 e6		

Damengambit

1. d4 d5	2. **c4** dc:	3. Sf3 Sf6	4. e3 e6	5. Lc4: c5		
			4. Sc3 a6	5. e4 b5		
		3. e4 e5	4. Sf3 Lb4 +	5. Ld2 Ld2:	6. Sbd2: ed:	
	e6	3. Sc3 Sf6	4. Lg5 Le7	5. e3 0 – 0	6. Sf3 Sbd7	7. Tc1
			Sbd7	5. e3 c6	6. Sf3 Da5	

Slawische Verteidigung

c6	3. Sc3 e6	**4. e4** de:	5. Se4: **Lb4**+	6. Ld2 Dd4:
			7. Lb4: De4:+	8. Le2 Sa6
	3. Sf3 Sf6	4. Sc3 dc:	5. a4 Lf5	6. Se5 e6
			7. f3 Lb4	8. Sc4: 0 – 0

Damenbauerspiele (Colle-System)

1. d4 d5	2. **Sf3** Sf6	3. e3 e6	4. Ld3 c5	5. c3 Sc6	6. Sbd2 Ld6	**7. 0–0** 0–0
		Lf5	4. Ld3 e6!			

Damenbauerspiele (Petrosjan-Variante)

Sf6	2. **Sf3** e6	3. Lg5 c5	4. e3 Le7	5. Sbd2 d5	6. Ld3 Sbd7	**7. c3** b6

Damenindische Verteidigung

	2. c4 e6	3. Sf3 **b6**	4. g3 Lb7	5. Lg2 Le7	6. 0–0 0–0	7. Sc3 Se4
						8. Dc2 Sc3:
			4. e3 Lb7	5. Ld3 Le7	6. Sc3 0–0	7. 0–0 d5
					8. b3 c5	9. Lb2 Sc6

Bogoljubow-Variante

		Lb4 +	4. Ld2 a5	5. g3 d6	6. Lg2 Sbd7	7. 0–0 e5
				5. Sc3 0–0	6. e3 d6	7. Dc2 Sbd7
						8. a3 Lc3:

Katalanische Eröffnung

		3. **g3** d5	4. Lg2 Le7	5. Sf3 0–0	6. 0–0 Sbd7	7. Dc2 c6
			dc:	5. Da4+ Ld7	6. Dc4: Lc6	**7. Sf3** Ld5
					8. Da4+ Dd7	9. Dd1

Nimzowitsch-Indische Verteidigung

1. d4 Sf6 2. c4 e6	**3. Sc3 Lb4**	4. a3 **Lc3:+**	5. bc: c5	6. e3 Sc6	7. Ld3 0 – 0
					8. Se2 b6
		4. e3 d5	5. Ld3 0 – 0	6. Sf3 c5	7. 0 – 0 dc:
		4. Dc2 d5	5. cd: ed:	6. Lg5 h6	7. Lf6: Df6:
				8. a3 Lc3: +	9. Dc3: 0 – 0
		d6	5. Sf3 Sbd7	6. Ld2 0 – 0	7. a3 Lc3:
				8. Lc3: De7	9. e3 e5

Budapester Gambit

e5	3. de: Sg4	4. Sf3 Lc5	5. e3 Sc6		

Benoni-Verteidigung

c5	3. d5 e5	4. Sc3 d6	5. e4 Le7		
	d6	4. Sc3 g6	5. e4 Lg7		
			5. g3 Lg7		

Grünfeld-Indisch

g6	3. Sc3 **d5**	4. cd: Sd5:	5. e4 Sc3:	6. bc: Lg7	7. Lc4 0 – 0
			8. Sge2 c5	9. 0 – 0 Sc6	10. Le3 cd:
		4. Sf3 Lg7	5. Db3 dc:	6. Dc4: 0 – 0	7. e4 Sa6
			8. Lg5 h6	9. Lh4 c5	10. d5 b5!
		4. g3 dc:	5. Da4 + Sfd7	6. Lg2 Lg7	7. d5 0 – 0
			8. Dc4: Sb6	9. Dh4 c6	10. dc6: Sc6:

Königsindische Verteidigung

1. d4 Sf6 2. c4 g6 3. Sc3 **Lg7**	4. e4 d6	5. f3 0 – 0	6. Le3 e5	7. d5 Sh5	8. Dd2 f5
					9. 0 – 0 – 0
					Sbd7
				c5	8. g4 Se8
				9. h4 f5	10. gf: gf:
			Sbd7	7. Dd2 c5	8. Se2 a6
					9. 0 – 0 – 0
					Da5
		5. Le2 0 – 0	6. Sf3 e5	7. 0 – 0 Sc6	8. d5 Se7
				7. d5 Sbd7	8. Lg5 h6
					9. Lh4 g5
			6. Lg5 c5	7. d5 e6	8. Dd2 ed:
					9. ed: Db6!
		5. f4 0 – 0	6. Sf3 c5	7. d5 e6	8. Le2 ed:
					9. ed: Te8
	4. g3 d6	5. Lg2 0 – 0	6. Sf3 Sbd7	7. 0 – 0 e5	8. e4 c6
			Sc6	7. 0 – 0 a6	8. d5 Sa5
					9. Sfd2 c5
			c6	7. 0 – 0 Da5	8. d5 Db4
					9. Sfd2 Ld7

Reti-Eröffnung

1. Sf3 d5	2. **c4** d4	3. g3 Sc6	4. Lg2 e5	5. d3 Sf6	6. 0 – 0 Sfd7!	7. Sa3 Le7	
	c6	3. b3 Sf6	4. g3 Lf5	5. Lg2 e6	6. Lb2 Sbd7	7. 0 – 0 h6	8. d3 Le7

Holländische Verteidigung

1. d4 **f5**	2. c4 e6	3. g3 Sf6	4. Lg2 Le7	5. Sf3 0 – 0	6. 0 – 0 d6	7. Sc3 De8	8. Te1 Gg6 9. e4! fe:
					d5	7. Dc2 c6 9. Se5 Sbd7	8. Sbd2 De8 10. Sd3
		3. Sc3 Lb4	4. Dc2 Sf6	5. e3 0 – 0	6. Ld3 d6	7. Se2 c5	8. a3 Lc3:+ 9. Sc3: Sc6
	Sf6	3. Sf3 g6	4. g3 Lg7	5. Lg2 d6	6. Sc3 0 – 0	7. 0 – 0 Sc6	8. d5 Sa5 9. Sfd2 c5

Englische Eröffnung

1. **c4** e5	2. Sc3 Sf6	3. Sf3 Sc6	4. d4 ed:	5. Sd4: Lb4	6. Lg5 h6	7. Lh4 Lc3:+	8. bc: d6
			4. e3 Lb4	5. Le2 0–0	6. 0–0 Te8		
			4. g3 d5	5. cd: Sd5:	6. Lg2 Sc3:	7. bc: e4	8. Sg1 f5 9. f3 Ld6

Bird-Eröffnung

1. **f4 d5**	2. Sf3 g6	3. g3 Lg7	4. Lg2 Sbd7	5. Sc3 Sf6			

Froms-Gambit

e5	2. fe: d6	3. ed: Ld6:	4. Sf3 g5	5. d4 g4	6. Se5 Le5	7. de: Dd1:+	8. Kd1: Sc6

Empfehlenswerte Werke zur Eröffnungstheorie:
Werke in einem Band:

Suetin
Lehrbuch der Schachtheorie (Sportverlag Berlin)

Korn
Moderne Schacheröffnungen (Schach-Archiv, Hamburg)

Einzelne Ausgaben:
Keres
Dreispringerspiel bis Königsgambit
Spanisch bis Französisch

Boleslawski
Sizilianisch (2 Bände)
Königsindisch bis Grünfeld-Verteidigung

Taimanow
Damengambit bis Holländisch
Slawisch bis Reti-Eröffnung
Nimzowitsch-Indisch bis Katalanisch
(alle Sportverlag, Berlin)

Ebenfalls sind die Eröffnungswerke von Euwe (Engelhardt-Verlag) und Schwarz (Schach-Archiv) zu empfehlen.

Zeichenerklärung

$\pm$	Weiß steht besser
$\mp$	Schwarz steht besser
$\pm$ (mit Doppelstrich)	Weiß steht etwas besser
$\mp$ (mit Doppelstrich)	Schwarz steht etwas besser
$+-$	Weiß hat entscheidenden Vorteil
$-+$	Schwarz hat entscheidenden Vorteil
$=$	Das Spiel ist ausgeglichen
∞	Das Spiel ist unklar
$\overset{=}{\infty}$	Weiß hat für materiellen Nachteil ausreichende Kompensation
$\underset{=}{\infty}$	Schwarz hat für materiellen Nachteil ausreichende Kompensation
!	Ein sehr guter Zug
! !	Ein ausgezeichneter Zug
?	Ein schwacher Zug
? ?	Ein grober Fehler
! ?	Ein beachtenswerter Zug
? !	Ein Zug von zweifelhaftem Wert
N	Neuerung
$\triangle$	Mit der Idee
+	Schach
#	Matt
x	Schlägt (bei ausführlicher Notation)
:	Schlägt (bei der Kurznotation hinter einem Zug)
ep.	en passant = schlagen im Vorübergehen.

INHALT

Band 2: Das klassische Damengambit mit 2. . . . e7 – e6; Ausf. Theorie mit 106 Partien, 236 Seiten, mit vielen Diagrammen in grünem Ganzleinen **DM 24,–**

Band 7: Nimzo-Indische Verteidigung Ausführliche Theorie mit 261 Partien, 448 Seiten in grünem Ganzleinen **DM 26,–**

Band 12: Holländisch (1. d2 – d4 f7 – f5) – Staunton-Gambit, Stonewall und verwandte Systeme – Ausführliche Theorie mit 185 Partien, Umfang 392 Seiten in grünem Ganzleinen **DM 22,–**

Band 13: 1. f2 – f4 (Die Bird-Eröffnung) 158 S., 85 Partien in grünem Ganzl. **DM 10,80**

Band 14: Die Englische Partie 1. c2 – c4 305 Seiten, 145 Partien in grünem Ganzleinen **DM 18,40**

Band 21: Die Spanische Partie II 280 S., ausführl. Theorie mit 140 Partien in grünem Ganzleinen **DM 19,80**

Band 22: Die Verteidigung Caro-Kann, 368 Seiten, 260 Partien in grünem Ganzleinen **DM 24,50**

Band 23: Die Sizilianische Verteidigung 586 Seiten, 280 Partien in grünem Ganzleinen **DM 24,80**

Band 24: Die Französische Verteidigung 576 Seiten, 360 Partien in grünem Ganzleinen **DM 29,80**

Band 25: Die Aljechin-Verteidigung · Die Nimzowitsch-Verteidigung, 226 S., 140 Partien in grünem Ganzleinen **DM 14,80**

Band 26: Skandinavisch 1. e2 – e4 d7 – d5, Jugoslawisch 1. e2 – e4 d7 – d6 240 Seiten, 150 Partien in grünem Ganzleinen **DM 18,80**